筆者が長く研究に関わってきた青森市の特別史跡三内丸山遺跡。
大型掘立柱建物（６本柱）を見上げる筆者＝2023年７月

高さ約４メートルの棚に整然と土器が並ぶ三内丸山遺跡センターの収蔵庫を案内する筆者＝2023年７月

C14-6
C14-5
C14-4
C14-3

三内丸山遺跡の大型竪穴住居で見学者に囲まれ、解説する筆者（中央）
＝2007年６月

世界遺産を目指し出前講座をする三村申吾知事（当時）と筆者（右）
＝2011年7月、弘前市・福村小

はじめに

早いもので、「北海道・北東北の縄文遺跡群」が世界遺産となって３回目の夏を迎えた。遺跡群の中核である三内丸山遺跡では２０２２（令和４）年度は約22万人の見学者が訪れ、有料化になってから最高を記録した。登録後は、若い世代や女性、そして親子連れなど幅広い見学者が増えているように思う。日々世界遺産効果を実感しているところである。

さて、世界遺産登録はかなり特殊な分野で難易度も高く、考古学、特に縄文時代の研究はもちろん、文化財保護に関する高度で専門的な知識や経験がなければ対応することが難しいと思う。そして忘れてはならないのは、そもそも三内丸山遺跡の存在なくして世界遺産登録などはあり得ないということだ。全ての出発点は三内丸山遺跡にある。発掘の担当であった自分が、世界遺産登録まで関わるとは想像もしなかったが、振り返ると、三内丸山遺跡との偶然というか運命的出会いから全てが始まっているような気がしてならない。

海外での発掘や調査研究にしても世界遺産登録には大いに参考になったし、文化庁の文化財調査官として全国の縄文遺跡と接する機会に恵まれたことも幸運であった。自分の経験した全てのことが結果として世界遺産登録に結びついたと言える。多くの仲間達とともにいろいろな方々からの激励をいただきながら、諦めることなく真摯に取り組んできたことへのご褒美なのかもしれないが。

本書は世界遺登録や遺跡との出会い、海外での発掘など、東奥日報紙上に1年間連載した内容を書籍化したものである。本書を通じて三内丸山遺跡をはじめ本県の縄文遺跡群や世界遺産に興味関心を持っていただき、遺跡を訪れていただければ幸いである。

２０２３（令和５）年９月、クリが実る三内丸山遺跡にて　　　岡田　康博

縄文と生きる　目次

第6章 遺跡を楽しむ 137

第1章　世界遺産登録実現

知事と握手

2021（令和3）年7月27日は特別な日であった。いつもどおり朝7時過ぎには出勤し、職場の購読紙すべてに目をとおし、メールを確認するという毎日の決まった作業をしながらも、少しばかり気分は高揚していた。今日の夜には念願の世界遺産登録が正式に決定するからだ。気の早いもので、メールの中には登録を祝うものもすでに何通も届いていた。

三村申吾県知事（当時）が県内に所在する縄文遺跡群によって世界遺産登録を目指すことを表明したのが05（平成17）年のこと。

この時、私は青森県を離れ、文化庁記念物課埋蔵文化財部門の文化財調査官として仕事をしていた。全国の遺跡の調査指導や史跡指定の準備、補助金の交付など業務多忙であったが、遺跡の保存活用も担当していたこともあって、世界遺産に関する各地の取り組みについても承知していた。世界遺産を目指すことは各自治体の自由であるが、実現には多くの労力を必要とすることは先行事例をみれば明らかであった。しかも専門的な審査を行う国際記念物遺跡会議（イコモス）の評価に厳しいものも見受けられたこともあって、相当ハードルが高いことを認識していた。

青森県が世界遺産を目指すというニュースを知った文化庁の同僚からは、登録実現を成し遂げることが可能なだけの基礎体力が青森県にあるかどうか心配する声が非常に大きかった。中には私が青森県に復帰し、登録推進業務に関われればとの助言もあったが、当の本人は正直、世界遺産について大きな関心があるわけではなかった。まさか自分がその後世界遺産登録の業務を担い、登録の最後の場面を見ることになろうとはこの時には思いもしないことであった。

予定どおり7月27日午後6時過ぎに世界遺産委員会は再開された。各国から推薦された新規登録案件についてひとつひとつイコモスの評価の報告とともに審査され、そして議決されていく。コロナ禍もあって会議はリモートで開催されるため、ライブで会議の様子を逐一見ることができた。ライブは登録セレモニーが行われる会場にも流されており、刻一刻とその時が近づいてきた。参集者の前で、縄文遺跡群の世界遺産に関する基本的なことを話しながらも画面が気になった。

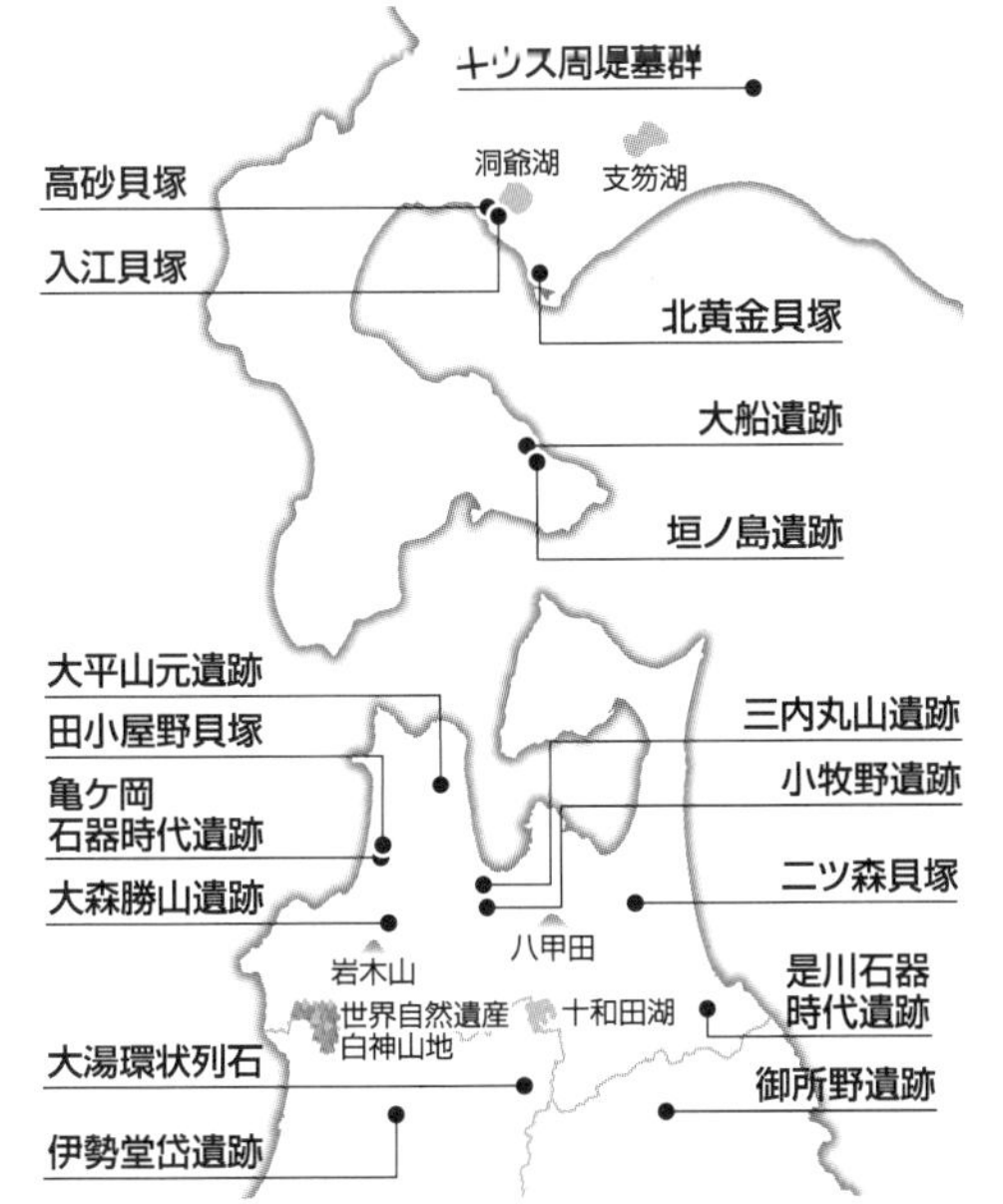

世界遺産「北海道・北東北の縄文遺跡群」の17構成資産

いよいよ、縄文遺跡群の審査が始まった。会場ステージ中央に三村知事が位置し、緊張の面持ちで様子を見守っていたように思えた。思えば16年をかけてようやくこの最後の場面にたどり着いたわけで、心中に去来する思いは特別なものがあったと推察された。

「登録」と議長が宣言し、木槌《きづち》を振り下ろした。あっけない瞬間であったが、関係者にとっては待ち望んだ場面であっ

縄文遺跡群の世界遺産登録を祝い万歳三唱をする関係者。この時、筆者は会場の片隅にいた
＝2021年７月27日夜、青森市の東奥日報新町ビル

た。ユネスコ大使のスピーチに続き、三村知事も英語でお礼のスピーチを話された。その後、記者会見を終え、登録セレモニーの始まる前のことだった。不意に三村知事が会場下手にいた私の方へ向かって来られ、わざわざ肘タッチを求められた。私自身いい年でもあるので、この日は絶対に涙を見せないつもりでいたが、やはり長い間辛苦をともにした知事と握手した時には少し涙腺が緩んでしまった。ただし、この場面を見ていた人はほとんどいなかったと思う。

登録までの16年という月日の流れは私にとっても大きなものであった。叔父でもあり恩師でもあった村越潔《きよし》先生（弘前大学名誉教授）、病床にありながらもいつも励ましてくれた父親、辛口ながら応援してくれた弟、多くの近親者が鬼籍に入っていた。健在だった母親も登録を見届けるように他界した。娘2人も嫁ぎ、にぎやかだったわが家も妻緑《みどり》と愛犬じぇいと私しかいなくなってしまった。この間、妻に支えられ、愛犬に癒やされながら日々を過ごしてきた。世界遺産のことが頭から離れることはひと時もなく、四六時中縄文遺跡群のことを考える毎日だった。それもようやくひとつの大きな区切りを迎え、ひとこと「ほっとした」というのが偽らざる心境であった。

文化庁、突然の方針転換

2006（平成18）年4月、紆余曲折《うよきょくせつ》がありながらも、私は青森県に復帰し、ホームグラウンドである三内丸山遺跡対策室へ室長として着任した。短い間ではあったが、文化庁では実に多くのことを学び、そして大勢の人々と出会った。下戸なりに多少飲めるようにもなった。同僚からも多くの激励をいただき、困ったことがあったら何でも相談するようにと言われたこともあって、その後厚かましくも大いに利用させていただくことになる。

青森県教育委員会ではこの年の4月、文化財保護課内に世界文化遺産登録推進プロジェクトチームを新たに設置し、専従職員が配置された。しかし、文化財専門職員はいなかったこともあって、必要に応じていろいろとアドバイスはしていた。この迅速な体制整備が実に大きな効果をもたらすことになるとはこの時点では想像もしなかった。

さて世界遺産をめざすと言っても、いきなり推薦書作成に着手することはできない。正確に言えば当時は世界遺産登録への道筋がなかったと言っていい。このことは青森県も百も承知していて、まずは世界遺産とは何か、どうすれば世界遺産になるのか、基本的な事柄について情報収集することから始める覚悟であったと思う。できることは本県の縄文遺跡を発信するためのガイドブック作成や県外での出土品の巡回展などで、魅力と価値の発信に精力的に取り組んでいた。地道ではあるが、この時の取り組みを評価してくれた国の審議会の委員がいたことを後で知ったが、少なくとも本県の本気度が伝わったようである。

　しかし、状況は一変した。文化庁が突然、世界遺産の候補である暫定一覧表の追加記載について全国から募集する―としたのである。9月末に東京・代々木の会議場に世界遺産に興味関心のある自治体が集められ、応募にあたっての要件等が示された。そして、11月末までに提案書を出すようにとのことであった。少なくとも私が文化庁に勤務していた3月まではこのような話はなかったと記憶しているが、とにかく唐突なできごとであった。

　この方針転換以前は、世界遺産の候補は審議会や文化庁が全国の国指定文化財の中から世界遺産にふさわしいと判断したものを候補に選んでいた。知名度に劣る縄文遺跡にとっては不利な状況であったと言っていい。それが一転。世界遺産をめざす自治体は自由に提案書を出し、審議会で審査を受けることができるようになったのである。それまで世界遺産への道筋は見えなかったというか、遠い幻でしかなかった。そんな目標にもしかしたら手が届くかもしれないという可能性が出てきたのだ。なんと幸運というか、強運なのであろうか。ただし、道が開かれたといっても世界遺産になる保証は全くない。オーディションに参加できるということでしかない。じっくりと世界遺産について学ぶなどという雰囲気は一変し、緊張感を持ちながら提案書の作成に着手することとなった。

　世界遺産の取り組みを進めるにつれて、縄文遺跡に対していろいろな意見があることも知った。その中には将来大きな課題となるものも含まれていることを、私なりに危機感として受けとめた。まず代表的な意見としては、縄文遺跡は地下にあり価値や内容がわかりづらいというものである。

保存状況もよくわからない。実際に現地へ行っても、原野で何もないといった状態の遺跡が実に多かった。地下にあることがそもそも世界遺産になじまないのではないかとの指摘である。日本ではこれまで、地下に埋まっている文化財が世界遺産に登録された例はきわめて少なかった。世界遺産はやはり、だれが見てもその価値が感じられるような、わかりやすさが大事であることは理解していた。だから遺跡が全て地下にあるとなると、やはり世界遺産にはなじまないのではと密《ひそ》かに心配はしていた。

さらに多くの縄文遺跡では、現代の地面に復元と称して竪穴住居などの建物が建っている場合が多く、これは復元を嫌うユネスコの考え方に反しているとの指摘があった。修復や再生は認められたとしても、物証の少ない縄文遺跡の場合、やはり想像の産物と受け止められる可能性が高い。ほかにも知事を先頭にパリのユネスコ本部へ陳情に行くべきと言われるなど、閉口することも少なくなかった。そんなことを繰り返しても世界遺産になるわけもない。知事の出番は詰めの一手なので、確かにタイミングは重要であるが、この時点が「その時」ではないことは明白であった。

4 道県として挑戦

本県が提出した、世界遺産暫定一覧表追加記載候補である「青森の縄文遺跡群」は文化庁審議会での審査の結果、課題を示されたうえで継続審査となった。この２００６（平成18）年はなんと20

件もの提案が継続審議となっていることからして、世界遺産への道のりがいかに厳しいものであるかを物語っている。

示された課題では、当初危惧していた、地下に所在する縄文遺跡は世界遺産になじまないのでは―という点についての言及はなく安堵《あんど》した。しかし、さまざまな課題は決して小さなものとは言えなかった。中には審議会委員の理解不足と思われる点もあった。縄文時代についての研究者の理解と、学識経験者といえど、必ずしも考古学を専門分野としない委員との理解の差は結構大きいと感じられ、誰もが理解できる説明の難しさをあらためて実感した。

ただ落選しなかったこと自体は大きな成果であり、縄文遺跡群の将来は悲観するほど暗いというわけではなかった。一度落選してしまうとそのダメージは大きいと思っていたので、とにかく縄文遺跡群の価値を多少なりとも受け止めていただき、継続審査となったことで少しほっとした。

課題は多岐にわたったが、中でも縄文文化の世界史上における位置付けや、青森県以外の同時代・同種の諸要素との検討（おそらくは遺跡の選択のことと思われるが諸要素としていることに注意）が必要とされた。わかりやすく言えば、そもそも「縄文時代の文化」が人類にとってどれほど重要であるのかを簡略に説明し、そのために世界遺産としてふさわしい地域そのものを検討すべきということであった。

半面、審議会として縄文遺跡群の顕著な普遍的価値が認められる可能性が高く、世界遺産の候補になり得ると判断されたことは大きな成果でもあった。今後の取り組みに弾みがつくものと思われた。青森県内の遺跡だけでは世界遺産登録は困難と考え、厳しい評価が下されることも想定していただけに前向きな評価であったと言える。まさしく知名度の高さでは定評のある「三内丸山遺跡効果」と言えよう。課題を整理しつつ、提案そのものを大きく改善したとの印象を持たれるようなリニューアル感が不可欠である以上、再提案に向けて、時間に追われながらの検討が水面下では続けられた。

縄文時代の遺跡は全国に数多く所在し、保存状況の違いがあったとしても、内容そのものについては優劣がつけ難い。私にすれば文化庁の文化財調査官の時は全国の遺跡の重要性を主張していたが、青森県の職員となれば青森中心に物事を考えるのが当然となる。しかし、そう簡単に切り替えができるわけではない。青森県の遺跡も県外の遺跡も、わが国の歴史と文化の成り立ちを考えるうえでは一体で欠かすことができないからだ。

2005年10月	三村申吾知事(当時)が「世界文化遺産の登録をぜひ目指したい」と表明
06年11月	県などが「青森県の縄文遺跡群」の世界遺産登録を文化庁に提案
11月	秋田県などが「ストーンサークル」の世界遺産登録を提案
07年1月	文化審議会が両提案を「継続審議」に
8月	北海道・北東北知事サミットで、4道県による共同提案について合意。資産名称を「北海道・北東北の縄文遺跡群」に決定
12月	4道県が世界遺産登録を文化庁に提案
08年9月	文化審議会が世界遺産暫定リストへの記載決定
09年1月	ユネスコの暫定リストに記載
6月	4道県が「世界遺産登録推進本部」などを設置
12年12月	構成資産を18遺跡に変更
13年8月	「長崎の教会群とキリスト教関連遺産」(長崎、熊本)が世界遺産推薦候補に。「縄文」は見送り
9月	「明治日本の産業革命遺産」(福岡など)の推薦を政府決定
14年9月	「長崎の教会群とキリスト教関連遺産」が推薦候補に。「縄文」2度目の見送り
15年7月	「宗像・沖ノ島と関連遺産群」(福岡)が推薦候補に。「縄文」3度目の見送り
12月	構成資産を16遺跡に変更
16年2月	「長崎の教会群とキリスト教関連遺産」推薦を政府が取り下げ
3月	構成資産を17遺跡に整理
7月	「長崎の教会群とキリスト教関連遺産」を再び推薦候補に。「縄文」4度目の見送り
17年7月	「百舌鳥・古市古墳群」(大阪)を推薦候補に。「縄文」5度目の見送り
18年7月	文化審議会が「縄文」を推薦候補に決定
11月	政府が世界自然遺産候補「奄美大島、徳之島、沖縄島北部および西表島」(鹿児島、沖縄)の推薦を優先し、「縄文」の推薦を見送ると発表
19年7月	文化審議会が再び推薦候補に決定
12月	政府が推薦決定
20年1月	政府がユネスコに推薦書を提出
9月	イコモスが4道県17遺跡などを現地調査
21年5月	イコモスが世界遺産「登録」を勧告
7月	「北海道・北東北の縄文遺跡群」が登録決定

「縄文遺跡群」を巡る登録までの経緯

正直に言えば、青森県の遺跡は知名度不足。さらには保存活用についても積極的に取り組んでいない遺跡が相当あり、とても全国レベルでは戦えないと率直に感じていた。かといって県外など他地域の遺跡が大半を占めるような状況だけは避けなければならない。こうした課題を踏まえ、縄文遺跡の人類史における価値を再整理した結果、対象地域を「北海道・北東北」とした。この4道県としたのには明確な理由がある。詳しくはあらためて説明するが、ちゃんと歴史的な意味があるのだ。この地域には青森市の三内丸山遺跡をはじめ、亀ケ岡石器時代遺跡（つがる市）や是川石器時代遺跡（八戸市）など著名な遺跡が多く、これらをうまく活用すれば、縄文時代の全体像を描けるのではないかと以前から考えていた。さらには津軽海峡を挟んで、常に同じ文化圏を形成していたことがこれまでの研究成果からすでに明らかになっている。しかも国内で最も活発に縄文研究が行われていた地域でもある。そんなことから世界遺産の範囲としては、やはり北海道・北東北が適当ではないかとの思いが徐々に高まっていった。

知事、副知事にこのことを率直にお話しし、理解していただいた。特に蝦名武副知事（当時）からは北海道、岩手県、秋田県に直接電話もしていただいた。これら3道県には世界遺産をめざすことについて賛同いただき、パートナーとして信頼関係を構築しなければならない。この点は文化財関係者という横のネットワークがあったことも大きかった。

こうして青森県の縄文遺跡群は見事に内容を変え、再度審議会に向けて提案書を作成・提出することになったのである。この間、他県などから新たな提案がないことをひたすら祈っていたことも正直に話しておきたい。しかし幸運なことにそれはなかった。

苦渋の決断

2008（平成20）年9月の文化庁文化審議会の世界文化遺産特別委員会において、「北海道・北東北の縄文遺跡群」は「世界遺産暫定一覧表追加記載候補」として選定された。わが国の正式な世界遺産候補となったのだ。

審議会では、縄文遺跡群について狩猟・漁労・採集の生活の実態を表す日本列島独特の考古学的遺跡群であるとし、「長期にわたって継続した先史文化を表し、自然と人間との共生を示す考古学的遺跡として、顕著な普遍的価値を持つ可能性は高い」と評価した。

私が特に注目したのは、縄文時代をわが国の歴史の大半を占めるもの―と位置付けたことだ。というのは、日本の歴史や文化は稲作農耕が列島に広く伝わった弥生時代や仏教伝来以降にあるとする風潮がこれまで主流であったからだ。

それが一気に遡《さかのぼ》ることになったわけで、縄文文化研究が大きく進展してきたことに加えて、三内丸山遺跡（青森市）などの発掘成果が後押ししたことは明らかであった。かつて「縄文はおサルの時代」と揶揄《やゆ》され、忸怩《じくじ》たる思いをしたこともあったりした。だから「原始人の生活」と言われることはもうないだろう、との感慨を抱いたのだ。

でも喜んでばかりもいられない。「世界史的・国際的に、わが国の縄文文化を説明していく上で不可欠と考えられる、特徴的かつ保存状況の良好な遺跡の代表例を資産に含めることについて検討し、方向性を示すことが必要である」との指摘があったからだ。

省庁連絡会議等を経て翌年1月、ユネスコ（国連教育科学文化機関）のホームページの暫定一覧表に掲載された。ただし、名称は文化庁の意向もあって「北海道・北東北を中心とした縄文遺跡群」。このことは、この先においても油断ができないことを暗に示し、世界遺産候補となった喜び以上に、私自身は大きな危機感を常に抱えることにもなった。

正式な世界遺産候補になると、次の目標はユネスコへの推薦獲得、そして審査を受けて世界遺産になることだ。そのためには、ユネスコが示す作業指針に沿って推薦書を作成しなければならない。この推薦書が審査の際には重要な役割を果たすことになる。改めて4道県と関係自治体の登録推進体制を整備するとともに、考古学者や世界遺産、都市計画の専門家からなる専門家委員会（委員長は菊池徹夫、当時早稲田大学教授）を設置し、審議会での指摘事項を踏まえた検討や議論を開始した。それこそ縄文時代の開始年代や内容の定義など、基本的な事項や世界史的に見た際の特徴など、縄文遺跡群の顕著な普遍的価値について熱心な議論が交わされた。

また文化庁からは、すでに多くの世界遺産に見られる「自然と共生する文化」というキーワードはありふれたものとなっていることから、縄文遺跡群では使用しないことが望ましい―など、ユネスコでの審査を見越しての具体的な助言もあった。専門家委員会での検討と並行して、われわれ事務局としての推薦書作成と執筆の作業も急ピッチで進められることになった。

これらの作業の際には、当然ながら三内丸山遺跡をはじめとする本県の遺跡群が中核となるよう配慮しなければならない。地域も北海道・北東北が妥当であることを主張し、地域が拡大しないようにしなければならなかった。推薦の適否を判断する審議会と、その先にあるユネスコの審査の両方を視野に入れての作業は果てしなく続いた。

そうした中で、縄文遺跡群が持つ顕著な普遍的価値の説明の明確化はもちろんのこと、どのような遺跡で構成するのかも悩ましい課題として浮上してきた。当初から挙がっていた候補は、すでに国の史跡や特別史跡に指定されていることから、遺跡の価値そのものについて何ら問題がなかった。しかし一方で「世界遺産としての価値」となると、必ずしも遺跡の価値と一致するものではないという難しさがあった。登録に当たってはユネスコのルールに従って、それぞれの遺跡の価値説明を明確にしなければならないことが、議論や作業をより複雑にしていた。

そのさなかである。文化庁から突然、遺跡の保存状態からみて世界遺産の審査に耐えられない可能性がある遺跡は除外すべき、との強い助言があった。たとえ遺跡そのものに価値があったとしても保存状態に問題があり、現地調査の際にイコモスから除外の勧告が出される懸念がある遺跡のことである。国際的にみて保存状態に問題ありと指摘されること自体が、縄文遺跡群全体の登録に良い影響を与えることはない。結局、高速道路が地下を通っている北海道森町の鷲ノ木遺跡と、周辺に工場が多数所在する八戸市の長七谷地貝塚を構成遺跡から除外するという苦渋の決断を選択することになった。この2遺跡は関連資産として位置付けることとなった。

二つの遺跡を断念

2006（平成18）年4月、4年間務めた文化財調査官を辞し、青森県に復帰することとなった。今後はこれまで得た知識や経験を青森県の文化財行政に生かし、次代を担う人材育成に取り組むことと決意した。それに三内丸山遺跡の保存・活用も再構築する必要性を感じていたからだ。弘前市の病床の父親からも帰省のたびに「いつ帰ってくるのか」と再三聞かれていたし、その父親の介護が高齢の母親には負担となってきていた。さらに2人の娘がそれぞれ受験を控えていたことも、東京での単身生活を終える後押しとなった。

この年、青森県教育庁文化財保護課内には世界遺産登録推進プロジェクトチームが新たに設置されたが、埋蔵文化財や考古学の専門家は一人もおらず、この先を考えると少し不安でもあった。私は三内丸山遺跡対策室長が主務であり、当面は専門的な内容について協力や支援するという関わり方であった。それでも世界遺産関係の業務は日ごとに増えていた。

ところが、そういった状況は文化庁の方針変更により急変する。世界遺産候補である暫定一覧表への追加記載候補について、06年と07年は自治体から公募するというのだ。これにより一気に臨戦態勢となり、世界遺産関係業務に一層注力しなければならない事態となった。しかし、この公募への方針変更が世界遺産登録への門を大きく開くことになったのだからおもしろい。

06年の国の審議会では、懸念されていた遺跡群の特性についての言及はなく、課題として示されたのは、どの遺跡を対象とするのかという地域設定であった。これは想定内の内容であった。最終的な着地点をどうするのか。世界遺産を目指す国内の他の地域より早く枠組みをつくる必要があった。

地域設定は世界遺産のストーリーとして意味あるものでなければならない。と同時に、本県が先導的な役割を果たせる範囲でもなければならない。検討の結果、範囲を「4道県」として取り組むこととした。この4道県という切り札によって審議会を通過するという思惑通りの展開となった。広域な取り組みとそれに伴う学術的価値の説明を、わずか1年で再構築することができたわけで、審議会には劇的な改善と受け止められたように思う。審議会対策とは別にイコモス対策として、世界遺産としての価値説明をどうするのか、加えて各遺跡の保存活用をさらにステップアップするにはどうすればいいのか、検討は続いた。

考え抜いた結果、価値説明については狩猟採集文化である縄文時代の1万年間を各遺跡でつなげることで説明することにしたが、肝心の遺跡が足りない。そこで、縄文時代の始まりを示す外ケ浜町の大平山元遺跡と、終わりに近い弘前市の大森勝山遺跡の史跡指定を急ぐことにした。世界遺産のためには史跡であることが条件だからだ。大平山元遺跡は旧石器時代から縄文時代の文化の変遷を考えるうえで重要であり、保存状態も良好であった。当然、国史跡に指定されると思っていたところに民間考古学研究者による「旧石器捏造《ねつぞう》」が発覚。その影響で文化庁がしばらくの間、旧石器時代の史跡指定を見合わせることになり、その影響を受けて宙に浮いた感じとなっていたのだ。だからこそ史跡指定が急務だった。

そこで直接、文化庁へ史跡指定に向けての取り組みを進めるようお願いした。私は09（平成21）年度から青森県教育委員会で文化財保護課長を務めていた。文化庁でのかつての同僚や後輩諸氏にしっかりと話を聞いていただき、結果的に大森勝山を含む2遺跡は史跡指定に向けて前進することになった。県としてもそれぞれの遺跡に史跡指定担当を設置。外ケ浜町、弘前市と一体となった取り組みを進めることで、12（平成24）年度に無事に史跡指定された。直ちに両遺跡を縄文遺跡群の構成資産に組み入れ、これによって世界遺産に向けたストーリーが明快に説明できるようになった。

一方で北海道森町の鷲ノ木遺跡と八戸市の長七谷地貝塚を除外することにした。両遺跡は世界遺産としての価値は認められるものの、将来的に景観の悪化などが懸念される―というのが文化庁の判断であった。審査の過程で課題指摘の連鎖に陥ることだけは避けるようにしなければならず、泣く泣く両遺跡を断念した。イコモスの現地調査のリハーサルの時にも、関係者からは「鷲ノ木遺跡と長七谷地貝塚を構成資産から落とすのは惜しい」との声が上がり、最後の最後まで悩むこととなった。

遺跡保存への険しい道のり

2002（平成14）年4月、文化庁文化財部記念物課埋蔵文化財部門の文化財調査官に異動した。三内丸山遺跡の整備や活用が進んでいたこともあり、私自身、より高度な文化財保護行政を経験してみたいと思い始めていたこともあって決断した。青森県教育委員会には出向という制度がないので、長年勤めた職場を退職し、青森に戻ることは二度とないだろうと覚悟しての単身上京であった。

文化庁はやはり噂《うわさ》通りの過酷な職場。出勤2日目には早くも国会で質問が出たことから、答弁資料作成のため、いきなり朝帰りを経験することとなった。体力、気力が続かないとやっていけないとあらためて感じた。埋蔵文化財部門の文化財調査官は全部で5人。3人は私のように地方自治体出身者で、残りの2人は奈良文化財研究所からの出向組であった。基本的に文化財調査官は、時代や地域ごとに全国の遺跡を分担・担当する。業務のほとんどは専門的な内容が多く、実務経験がないと業務そのものが進まない。業務としては史跡指定の準備作業、発掘の技術的指導や助言、補助金の交付事務、列島展の開催、さまざまな会議やその通知準備など多岐にわたる。明らかに慢性的な人手不足でサービス残業の連続。深夜までの業務も休日出勤も一切自己責任といった感じであった。加えて飲み会が実に多く、これにはいささか閉口した。

遺跡を保存することは簡単なことではない―と、文化庁で仕事をするようになってから痛感することが少なくなかった。例えば重要な遺跡は当然保存され、整備した後に遺跡公園として公開されるものだと思っていたが、現実はそれほど甘くはないということを思い知らされた。中でも忘れることができない出来事があった。それは03（平成15）年秋のことで、出張から戻った主任より至急、北海道へ出張するよう命じられた。道南の遺跡で環状列石（ストーンサークル）が見つかったので、現地を確認し必要な保護措置を講じるように、とのことであった。

遺跡は噴火湾沿いの森町に所在する鷲ノ木（5）遺跡。イカめしで有名な町だ。現地へ行って驚いたのは環状列石は直径34メートルで道内最大規模であること。さらには環状列石に隣接して墓域が造られていること、そして何よりも保存状態が極めて良かったということである。時代は約4千年前の縄文時代後期である。

江戸時代に噴火した駒ケ岳の火山灰（軽石）に厚く覆われていたことが遺跡には幸いした。少なくとも噴火以降は後世の撹乱《かくらん》もなく、限りなく縄文時代に近い状況であったものと推測された。しかし発掘は高速道路建設に伴うもので、奇跡的と言っていいのかどうか、環状列石は見事にその路線内にすっぽり含まれていた。遺跡の内容や保存状態からして国史跡としてふさわしいと考えられたものの、すでに遺跡の前後では着々と高速道路建設が進んでおり、保存への道は容易ではないことを覚悟した。

文化庁へ戻り主任に状況を説明し、現状保存と史跡指定の方向性で関係者と調整することとした。遺跡の土地所有者は日本道路公団（当時）であり、発掘の経費も負担していることから、北海道教育委員会から保存と史跡指定に関して協議を働きかけるよう依頼した。また、地元の森町にも同様の内容が伝えられ、保存決定後の史跡指定に向けての協力を依頼した。文化庁は遺跡の取り扱いに関して、ほとんどの権限を地方自治体へ移譲していることもあって、保存協議に際しては前面に立つことはできないが、日本道路公団の関係部署に対しては遺跡保存の要請を行った。

遺跡保存の上で最大の課題は、すでに建設工事が進んでいることから、高速道路の迂回《うかい》やルート変更は現実的ではなかった点。残された唯一の方法は工法を変更することであり、トンネルを遺跡地下に通すしかないことが明らかであった。技術的に可能かどうか。可能だとしても当然工事費は増額となる。保存後の維持管理や活用については森町が担うことになるため、地元の理解と協力も必須となる。北海道教育委員会の担当者と頻繁に協議しながら、保存に向けて関係者への説得が続いた。

　地元で開かれたフォーラム等にも積極的に参加した。現地での保存が重要であり、移設では史跡指定はできないことや、遺跡保存と高速道路建設は対立するものではないこと、開通時期は遅れても両方ともに実現できること、史跡を持つことによって観光などの効果が期待できること―などを丁寧に説明した。

高速道路完成後の鷲ノ木（5）遺跡。高速道路は遺跡地下にトンネルで通した（※1）

　関係者の努力の結果、環状列石を保存し、高速道路は地下にトンネルで通すように設計変更することとした。史跡指定についても森町が全面的に協力することになった。トンネル工事は掘削部分に最初、パイプを慎重に打ち込み、その中で作業員が掘削。掘削が終わると、トンネルの外壁を少しずつ押し込む最新の工法が導入された。

　遺跡保存については文化財関係者のみで成し遂げられることは決してなく、地域の理解と協力のもと、多くの関係者の努力によって実現されるものであることをあらためて実感した。同遺跡は06（平成18）年、鷲ノ木（3）遺跡と統合し「鷲ノ木遺跡」として国史跡に指定された。この鷲ノ木遺跡の環状列石の下の高速道路を通る度、当時の様子を思い出す。だからこそ、世界遺産「北海道・北東北の縄文遺跡群」の構成遺跡に選ばれなかったことが残念でならない。

史跡指定を巡り明暗

文化財調査官として文化庁在籍時には、各地の素晴らしい縄文遺跡を見る機会に恵まれた。特に発掘が行われている遺跡については現場をじっくりと見学でき、多くの知見を得ることができた。余談だが、それでも三内丸山遺跡に匹敵するような規模と内容を持つ遺跡と出会うことはついになかった。

文化庁は重要な遺跡については新たに史跡指定を、すでに史跡指定されている遺跡についても範囲を広げるなど追加指定を進めてきた。縄文遺跡担当として遺跡の所在する自治体と連携を協力しながら、全力で必要な保護措置を取るようにしてきたものの（参考までに私が史跡指定に関わった縄文遺跡を27ページに示してみた）、順調に進むものもあれば、そうではないものもある。

北海道森町の鷲ノ木遺跡のように、開発工事により破壊される危機にあった遺跡を、緊急的に現地保存できる事例はそう多いわけではない。率直に言えば、もっと早い段階で遺跡の価値を把握することができれば、より適切な対応ができることになる。本来であれば、貴重な遺跡を保存する場合には計画的に発掘を行い、地下の遺構の広がりや遺存状況を確認するとともに、土地所有者の理

大森勝山遺跡の大型環状列石（※2）

年度	遺跡名
2001	人船遺跡（函館市）、人洞貝塚（人船渡市）
02	綾織新田遺跡（遠野市）
03	宮畑遺跡（福島市）
04	本野原遺跡（宮崎市）、カリンバ遺跡（恵庭市）、井野長割遺跡（千葉県佐倉市）、西鹿田中島遺跡（群馬県みどり市）
05	鷲ノ木遺跡（森町）、浦尻貝塚（福島県南相馬市）
06	和台遺跡（福島市）、黒浜貝塚（埼玉県蓮田市）、花輪貝塚（千葉市）
07	大鹿窪遺跡（静岡県富士宮市）、
08	横尾貝塚（大分市）、大清水上遺跡（奥州市）
09	伊礼原遺跡（沖縄県北谷町）
10	垣ノ島遺跡（函館市）
12	大平山元遺跡（外ケ浜町）、大森勝山遺跡（弘前市）

筆者が史跡指定に関わった縄文遺跡

解と協力が得られるような環境づくりが必要である。

史跡指定を巡って忘れることができない遺跡がいくつかある。ひとつは弘前市に所在する大森勝山遺跡である。現在は国史跡であり、世界遺産「北海道・北東北の縄文遺跡群」の構成資産となっている。

遺跡は岩木山北東麓の標高145メートル前後の舌状に延びる丘陵上に立地し、南西側には岩木山がそびえる。1957（昭和32）年に岩木山麓の総合開発が始まり、弘前市教育委員会は翌年から34地点に及ぶ発掘を実施した。その中に大森勝山遺跡も含まれ、59（昭和34）年度から61（昭和36）年度まで6回に及ぶ発掘を実施。77基の組石によって構成される長径約48メートル、短径約39メートルの大型環状列石1基と、長径約13メートルの大型竪穴建物1棟が確認された。

縄文時代晩期初頭の環状列石としては初めての事例であり、大型竪穴建物を伴うことで注目を集めた。弘前市は遺跡の重要性を鑑み、61年に遺跡の大半を公有地化し保存を進めた。しかしその後、具体的な活用が図られない状況となっていた。遺跡には私も弘前大学時代に足を運んでおり、規模や保存状況についてはある程度知っていた。叔父で恩師の村越潔（弘前大学名誉教授）が実際に発掘に携わっており、その時の詳しい様子を聞かされる機会も少なくなかった。当時、文化庁の前身である文化財保護委員会の担当官が現地を訪れ、史跡としての価値を認めたものの、その後指定に向けて特段動きがないことについて、村越は多少不満があるようであった。

文化庁としては大規模な環状列石については史跡指定を進めてきた経緯があり、鹿角市の大湯環状列石（特別史跡）、北秋田市の伊勢堂岱《いせどうたい》遺跡（史跡）、青森市の小牧野遺跡（史跡）などがすでに国指定となっていた。高速道路建設に伴い発見された鷲ノ木遺跡についても早急に史跡指定することができ、現状保存が図られた。文化庁は史跡候補として、この大森勝山遺跡と平川市の太師森《たいしもり》遺跡の存在をすでに把握しており、後者については補助金を交付し確認調査を進めていた。これら二つの遺跡を国史跡とすることができれば、当時知られていた大規模環状列石の保護についてひと段落することになるが、なかなかその機会はなかった。しかし、大森勝山遺跡については偶然にも大きく前進することになる。

２００４（平成16）年のことだ。ある会議でたまたま同席した弘前市教育委員会関係者に、大森勝山遺跡の史跡指定に向けて作業を進めたい旨を率直に相談した。ただし再発掘を行い、現代の環状列石研究の成果に照らして評価することなどを条件とした。弘前市教育委員会では06（平成18）年度から3年計画で、遺跡の詳細な内容確認を目的に発掘を実施することにした。その結果、環状列石は、丘陵全体を平たんに整地した後に円形状に土を盛り、縁辺部に組石を配置していること、さらに組石の下部には土坑墓等の明確な遺構を伴う事例がないことなどが新たに確認された。発掘の成果をまとめた報告書を刊行した後、12（平成24）年9月に国の史跡に指定され、さらに世界遺産「北海道・北東北の縄文遺跡群」を構成する遺跡の一つに加えられた。

現地調査でハプニング

さて、縄文遺跡群が暫定一覧表に記載され、正式に世界遺産候補となったものの、登録審査を行うユネスコへの推薦が得られない状況が続いていた。毎年国の審議会に推薦書案を提出したが、その度にいろいろな課題が示され、推薦は後回しになっていった。この間「宗像・沖ノ島と関連遺跡群」（福岡県）や「長崎の教会群とキリスト教関連遺産」（長崎、熊本県）「百舌鳥《もず》・古市古墳群」（大阪府）などが推薦され着実に登録が進んでいった。基本的には暫定一覧表に記載された順番で推薦・登録されていくものと受け止めていたので、焦りはなかったが、それでも早いに越したことはない。

自分の中では、暫定一覧表に記載されたことで自身の役割を終え、残りの公務員人生は得意とする埋蔵文化財の保存活用に携わることができればと考えていた。しかし、そんな思いに反して、引き続き推薦書作成に関わることになった。登録までは推薦書作成、包括的な保存管理計画の策定、保存管理体制の構築など実に多くの作業が必要となる。文化財保護や考古学に関する専門的な知識や経験が一層必要となることから、自然とそのようになってしまった。

関係者の中には一体いつ推薦されるのかとか、推薦されないのは推薦書そのものに問題があるのでは、といった疑心暗鬼の気配も出始めていたが、われわれ作業部隊はワーキンググループをつくり推薦書作成を加速。そのおかげで骨格部分も徐々に固まってきた。いかにすれば内容をわかりやすく伝えられるか。その工夫もいろいろと試みられ、図や写真も増やした。実際に担当してみて感じたのは、より詳しく説明しようと意識するあまり、専門的で難解な内容になる傾向があるということだった。だが、審査する人間は考古学者とは限らないわけで、だれが読んでもわかる内容や表現に徹するよう心がけるようにした。

これは国内の世界遺産の推薦書を数多く作成し、海外の状況にも詳しい専門家委員会の委員、稲葉信子先生（当時・筑波大学教授）から何度も指摘されたことであった。また、菊池徹夫委員長（早稲田大学名誉教授）からも全体をわかりやすくしつつ、主張すべき点については論点を明確にするよう助言をいただいた。

そのような経緯の末、自然遺産「奄美大島、徳之島、沖縄島北部および西表島」（鹿児島、沖縄県）と競合するなどの紆余曲折はあったものの、19（令和元）年7月に文化庁文化審議会の世界文化遺産部会で推薦候補として選定され、閣議を経てユネスコへの推薦が決定した。完成した推薦書は包括的な保存管理計画とあわせて、Ａ４判５００ページを超える大作となり、資産の動画や付属資料が一式まとめられた。推薦書は英語であり、それこそ一字一句読み合わせをしながらの慎重な作業であった。結果的に「縄文文化」という表現は使わず、「縄文時代の文化」あるいは「先史時代の文

三内丸山遺跡を訪れ大型掘立柱建物前で説明を受けるイコモス調査員（右から2人目）。その左が筆者＝2020年9月

9月4日	大平山元遺跡（外ケ浜町）、三内丸山遺跡（青森市）
5日	二ツ森貝塚（七戸町）、★長七谷地貝塚、是川石器時代遺跡（以上八戸市）
6日	大湯環状列石（秋田県）
8日	伊勢堂岱遺跡（秋田県）
9日	田小屋野貝塚、亀ケ岡石器時代遺跡（以上つがる市）
10日	小牧野遺跡（青森市）、大森勝山遺跡（弘前市）
12日	垣ノ島遺跡、大船遺跡（以上北海道）
13日	★鷲ノ木遺跡、北黄金貝塚、入江貝塚、高砂貝塚（以上北海道）
14日	キウス周堤墓群（北海道）
15日	御所野遺跡（岩手県）

7、11日は専門家の作業日。★のある2遺跡は関連資産

イコモスの専門家による現地調査の日程

化」とすることにした。それは縄文文化とすると、日本列島全体を対象にすべき―との誤解を招く恐れがあったからだ。

こうして出来上がった推薦書は文化庁、外務省を経由してユネスコへ提出された。さすがに受理の知らせが届いたときにはほっとした。しかし、20（令和2）年9月にはイコモスの現地調査が控えていたことから、気を休めることなく、その準備に入らなければならなかった。

ただコロナ禍に伴ういろいろな制約の中、調査そのものが可能かどうか非常に難しい局面を迎えていた。文化庁はぜひとも現地調査を行いたいとの意向を持っており、4道県として実現の方向で準備を進めた。

幸いにもイコモスの調査員からは来日の同意が得られた。ただし来日は1週間で、公共交通機関を使用しないことや、宿泊を一般客と区別することなどが厚労省を通して示された。そのため、羽田空港から車で直接青森まで移動するとともに、宿舎もワンフロアを貸し切りにするなど万全の対策を取ることになった。

基本的にイコモスによる現地調査の内容は非公開であり、外部に漏れることがないよう文化庁や外務省からも厳しく注意をされていた。事務局でもマスコミ各社に対し取材自粛をお願いをし、その代わり各道県で1遺跡のみ現地調査の様子を公開することとした。質疑応答など審査に直接関わる取材は受けないようにしていた。

1日に2遺跡のペースで調査は続けられた。ところが終盤に入ってのことだ。現地調査の内容が岩手県内で漏れ、大きく報道されてしまった。文化庁に謝罪するとともに現地調査の重要性が浸透していないこと自体に驚き、場合によっては審査そのものが中断になるのでないかと心配した。関係自治体の緊張感が欠落していたことの表れ以外の何物でもない。だが、それも杞憂《きゆう》に終わった。調査員には熱心に遺跡を見ていただき、評価についてもそれなりの手応えを感じた。

イコモスが世界遺産登録を勧告したのが現地調査から8カ月後の21（令和3）年5月。ご存じのように最終的な登録決定が同7月。長く待たされたが、その分準備にかける時間をしっかりいただけた成果だと、あらためて感じている。

世界遺産1周年特別展

「北海道・北東北の縄文遺跡群」の世界文化遺産登録1周年を祝う記念特別展「北海道・北東北のJOMON」が22（令和4）年4月16日から、三内丸山遺跡センター（青森市）で始まった。構成資産として世界遺産となった遺跡はもちろん青森、北海道、岩手、秋田の4道県各地の縄文遺跡からの出土品約200点が展示された。

国内にある各種の博物館や資料館は定期的に特別展や企画展を主催している。特別展は年1度もしくは数年に1度行われるもので、開館5周年や10周年といった区切りの良い機会をとらえて開催されることが多い。「特別展」は各館が総力を挙げた企画であり、観覧料金も特別に設定されるが意外とリーズナブルなものが多い。一方で、名義だけ主催者に名を連ねる場合もある。その際は事業主体が別のため、全国巡回展などのケースではそれなりの料金設定がされる場合が多いように思う。「企画展」は特別展ほどの扱いはではないものの、かといって内容が劣るわけではない。三内丸山遺跡センターでは年に2度の割合で特別展を、そして年に1度企画展を開催している。

見学者からすれば料金が安く、内容が充実していることが望ましいが、著名な博物館の特別展といえど期待が裏切られることもある。縄文ブームの後押しもあって、最近は「縄文時代」や「縄文文化」を題材とした特別展や企画展が各地で開催されているが、どれも金太郎飴《あめ》のように切り口が同じ。その館独自の個性的な展示が減ってきているように思える。その最大の理由は日頃の調査研究の蓄積にあると思っている。学芸員や専門職員自らがおもしろいと思ったことを展示を通じてわかりやすく、しかも楽しく伝えることが大事であって、何事も付け焼き刃では見学者と感動を共有することはできない。

さて、博物館法では学芸員を必ず置くことなどが定められており、こうしたもろもろの基準を満たした施設が「登録博物館」と呼ばれる。要件がきびしいわりにはメリットが少ないとされるためか意外とその数は少ない。県内では現在休館中の県立郷土館や弘前市博物館、そして八戸市博物館などがこれに当たる。ほかに法律上は博物館ではないものの、同様の機能を持つものとして「博物館相当施設」や「博物館類似施設」がある。要件が特になく、組織や体制が柔軟に構築できるためか数は多く、普段見かける資料館等はこれらに該当する。ちなみに三内丸山遺跡センターは博物館類似施設である。また、重要文化財や国宝などの指定文化財を展示、収蔵するためには「公開承認施設」として認められることが必要となる。やはりこれも一定の条件を満たすことが求められ、設計段階から文化庁の指導を受けなければならない。どんなところでも展示できるというわけではないのだ。

ところで世界文化遺産登録実現の際、全国に数多くの縄文遺跡があるにもかかわらず、なぜ北海道・北東北に地域を限定したのか、という質問を繰り返し頂戴した。今回の特別展はそれに対する答えともいうべき内容となっている。日本考古学のこれまでの成果として、縄文時代の日本列島にはいくつかの地域文化圏が成立していたことが明らかとなっている。縄文時代の文化を総称して「縄文文化」と呼んでいるものの、各地で発掘が進んだことで時期差や地域性が認められるようになってきたということだ。北海道・北東北もひとつの地域文化圏だが、それは共通の特徴を持つ土器の分布する範囲でもある。

記念特別展「北海道・北東北のＪＯＭＯＮ」では、まず津軽海峡を挟んだ両地域でどのような土器が出土しているのか―を紹介するところから展示が始まる。縄文時代の早期、前期、中期、後期、晩期の各時期の土器が対比できるようになっているので、じっくりと鑑賞していただきたい。土器以外についても、狩猟・採集など生業に伴う道具類や、精神文化に関する出土品などに共通性が認められることを説明している。共通性があると同時に、やはり地域性とも言うべき、わずかな特徴の違いが見られることも合わせて指摘している。地域文化圏内では価値観や世界観が共有されるが、その一端を出土品が垣間見せるわけで、「北海道・北東北」が世界文化遺産にふさわしい文化的まとまりを持つことをあらためて実感してほしい。

世界遺産効果 どう持続するか

「北海道・北東北の縄文遺跡群」が世界文化遺産に登録されて3度目の夏を迎えたが、時が経《た》っても、やはり登録が決定した世界遺産委員会当日の緊張感は忘れることはない。大きな課題の指摘もなく、われわれにすれば縄文遺跡群の価値に関する主張が全面的に認められた、ほぼパーフェクトな内容の登録決議がされたことは大変喜ばしかった。と同時に、関係者にとっては大きな肩の荷がおり、ほっとした瞬間でもあったと思う。

さて、世界文化遺産になって縄文遺跡群にどのような変化があったのだろうか。世界遺産はさまざまな恩恵をもたらすとされるが、それらを総称して「世界遺産効果」と呼ぶことにしよう。まずは数多くの見学者が訪れていることだ。見学者の増加はもっともわかりやすい世界遺産効果である。

2021（令和3）年はコロナ禍による休館などの影響があり単純に比較はできないものの、三内丸山遺跡では22（令和4）年5月が前年比の3倍強、6月で約2倍と着実に見学者数が伸びている。

言うまでもなく、三内丸山遺跡は縄文遺跡群の中で飛び抜けた知名度を持つ遺跡である。ＪＲ新青森駅や東北自動車道・青森インターチェンジが近いなど交通利便性にも恵まれているほか、遺跡公園としても必要な施設が整っており、訪れやすい環境にある。こうした条件から、多くの見学者が来訪しているのは当然のこととも言える。

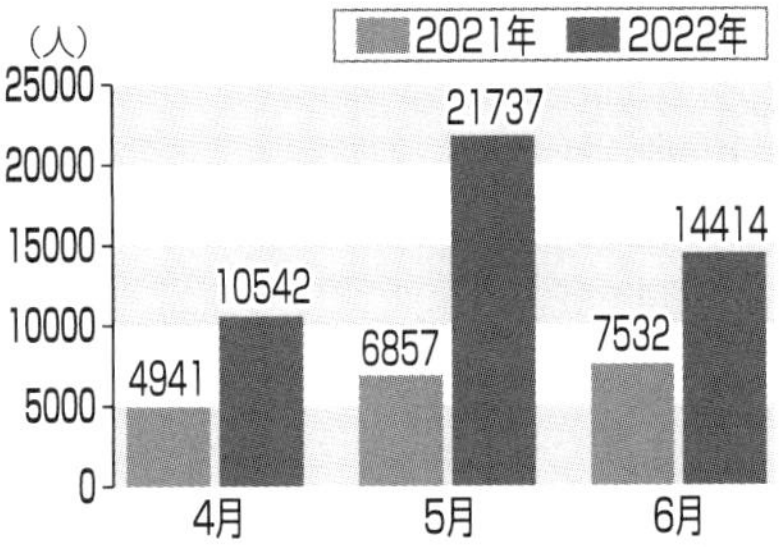

見学者の動向（三内丸山遺跡）

見学者増加の傾向は三内丸山以外の遺跡でも見られる。それぞれの遺跡の価値や特徴は、やはり現地でなければ実感できないこともあるので、訪ねていただくことは遺跡群全体にとっても良い兆候だ。国内各地の世界遺産の見学者動向をみると、増加の動きは登録前からすでにあるようだ。登録間近になるとマスコミに取り上げられる機会も多くなり、露出度や知名度が徐々に高まり、見学者の来訪につながっているらしい。世界遺産になると混雑が予想されるため、その前に見ておきたいと思う人も少なくないのかもしれない。

しかし、この右肩上がりはいつまでも続くわけではない。例えば、岩手県の平泉（２０１１年登録）を見ると増加傾向は1年限りであった。登録された年が最も多く、翌年から減少傾向となっている。それでも登録前と登録後を比べると、見学者数は圧倒的に変化しているのだが。参考までに同じ世界文化遺産の富士山（13年登録、山梨・静岡県）の見学者数のグラフを掲載するので比べて見てほしい。
文化遺産は一度見学すると再訪の機会は少ないとされている。何か大きな変化やイベントでもない限り、再訪はもちろん頻繁な来訪につながりにくいことを覚悟しなければならない。内閣府の調査では世界遺産の場合、見学者の増加は地方ほど大きく、しかも自然との触れ合う機会が多かったり、癒やし効果がある遺跡ほど顕著である―と指摘されている。縄文遺跡群はそれらの条件に適していると思われるが、今後どう推移するのか興味深い。

見学者の来訪先として選ばれるためには、交通情報を含めた遺跡に関するさまざまな情報発信が必須である。発信手段としてはウェブサイトだけでなく紙媒体も意外と有効である。いろいろな媒体を活用して、丁寧に根気よく情報発信を継続できるかどうかが、大きなポイントと言っていい。

また、各遺跡においてはトイレや駐車場などのほか、遺跡の価値や魅力を伝えるガイダンスや展示施設、ガイドの配置など、見学者を迎えるための基本的な準備が必要であることは言うまでもなく、関係自治体がしっかりと対応することが大事である。流した汗に応じて世界遺産効果が得られることを肝に銘じてほしい。

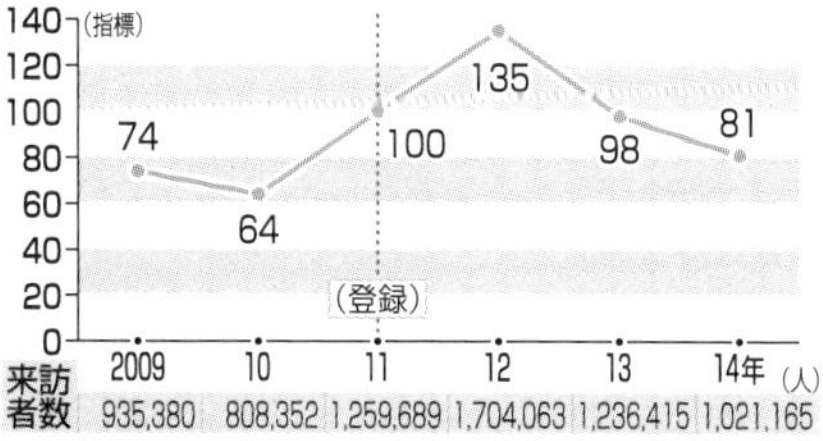

見学者の動向（平泉）※総務省行政評価局資料より

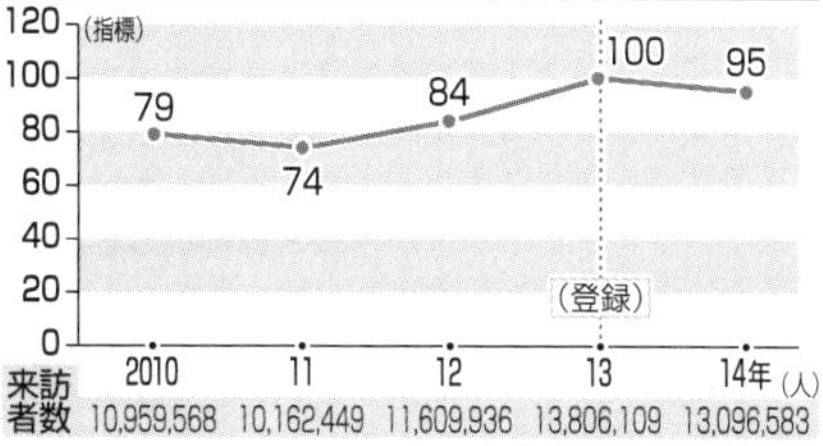

見学者の動向（富士山）※総務省行政評価局資料より

「北海道・北東北の縄文遺跡群」登録に際しては、遺跡の保存・活用の面で地域をあげて後押ししてきたことも高く評価されたように思う。数字としてなかなか表れにくいことではあるが、世界遺産登録はこうした地域の遺跡で活動する人々や団体、ひいては県民に大きな誇りをもたらした。国内には数多くの縄文遺跡がありながら、世界遺産は北海道・北東北の17遺跡しかないのである。世界遺産登録に伴う喜びや誇りが、遺産を未来へ確実に伝えるための原動力になれば、と切に願っている。

登録1周年記念のイベント等が三内丸山など各遺跡で行われており、普段、遺跡を訪れる機会が少ない方でも、足を運んでいただける企画や内容となっている。遺跡を直接訪れていただければ、世界遺産の価値を改めて知る良い機会になると思う。

まずは気軽に遺跡へ出かけてみよう。

価値を伝える難しさ

世界遺産になって、あらためて遺跡の価値を伝えることは難しいと思っている。何よりも理解不足による誤解が少なくない。最も多いのは、世界遺産に登録されたのは北海道・北東北に所在する17遺跡であり、日本の縄文文化そのものが世界遺産になったわけではないということだ。17遺跡以外の縄文遺跡については世界遺産登録に直接的に関係したことは一度もない。今回の世界遺産登録は、縄文時代という時代区分において、ひとつの地域文化圏に所在する遺跡群が顕著な普遍的価値がある―と評価されたものである。そもそも世界遺産は「不動産」が対象であり、その時代の文化そのものが対象ではない。

ところが、まるで日本の縄文文化が世界遺産登録されたように喧伝《けんでん》しているテレビ番組やら雑誌がたくさん見られ、われわれ北海道・北東北の縄文遺跡群がまるで枕詞のように気軽に使われている状況がある。スポンサーの意向など大人の事情があるのかもしれないが、縄文遺跡群の本家としては見逃せない話である。

このような状況が起きる背景として、ひとつは世界遺産の考え方が国民的に浸透していないことが挙げられる。さらにもうひとつは縄文遺跡群特有の難しさがある。それは、各遺跡（構成資産と呼ぶ）の価値そのものが世界遺産としての価値と必ずしも同じとは言えないからである。各遺跡は、世界遺産登録以前に史跡や特別史跡に指定されているので、国内における価値づけは当然行われている。しかし、世界遺産として検討されたものではないため、再構築が必要となる。各遺跡で持っている価値から、世界遺産登録に有効な内容を抜き出し、時には強調しながら17遺跡でもって構成する妥当性をも説明しなければならない。ここの部分の説明は考古学や文化財保護についての知識がないと理解が難しい。加えて、遺跡の現状や出土品が世界遺産にふさわしいものばかりではないという現実もある。遺跡としての価値が認められ、世界遺産になってはいるものの、出土品の価値が必ずしも伴うものではないことも誤解が生じる一因になっているように思う。

これを改善するのは容易ではないが、ありとあらゆる機会に際して地道に、世界遺産登録されたのはこの地域に所在する17遺跡であること、そしてその理由は、長期間続いた農耕以前の狩猟採集文化のあり方と変遷、精神文化の充実を示している遺跡群であること―を愚直に説明するしかないと思っている。登録後、県では構成資産の所在する地域や団体を訪ね、世界遺産に関する勉強会を行っている。しかし、世界遺産の仕組みも考古学的な知識もすぐには身につくものではない。特に遺跡で活動しているガイドや民間団体の人たちにとっては相当難解であると思う。時間をかけて繰り返し行うことが大事だと覚悟している。

一方、各遺跡でも価値を理解していただくためのさまざまな取り組みが進められている。縄文遺跡群に限らず、多くの遺跡では建物復元が当たり前のように行われてきた。復元（最近では立体表示と呼ぶ場合がある）と言っても最大の理由や根拠は発掘成果であり、それらについて専門家が詳細に分析や検討を行い、さらには国の許可があってはじめて復元される。史跡や特別史跡である以上、勝手な現状の変更はできないわけである。

三内丸山遺跡でも縄文のたたずまいの復元をめざして大型竪穴建物や大型掘立柱《ほったてばしら》建物、竪穴建物などが建設され、今後も墓列や環状配石墓など三内丸山遺跡の特徴を表現する整備が進められる。年数が経った建物群も全体の景観としてひとつひとつがなじんでいるように思う。縄文の人々が見た景観に近いのかもしれない。

ほかにも大平山元遺跡（外ケ浜町）ではバーチャルリアリティーが利用されているし、大森勝山遺跡（弘前市）では実物を埋め戻して、それとそっくりな実物大の環状列石が再現されるという、例を見ない取り組みが行われている。

今後もいろいろな方法が登場すると思われるが、それぞれの遺跡の特徴を踏まえ個性的な整備が進められることが望ましい。

厳しい景観保全の義務

雪深い特別史跡三内丸山遺跡では、冬期間はどうしても見学者が減少する傾向にあるが、幸いなことに世界遺産登録後の三内丸山遺跡には例年よりも多くの方々が訪れている。

さて、見学者に遺跡の価値や魅力をしっかり伝えたいと遺跡関係者ならだれしもが思うことではあるが、現実には試行錯誤の連続。正解と断言できるほど圧倒的な結果が得られるのは限られた遺跡だけだと思う。

日本の縄文遺跡では「復元」と称し、建物等の構造物が立っていることが少なくない。先史時代の縄文遺跡は史跡や特別史跡の一つであり、集落遺跡であることから、当時の生活拠点である建物等を復元するというわけだ。国内の史跡や特別史跡は文化財保護法によって保護され、維持管理も含め文化庁の許可なく現状を変えることはできない。

数ある遺跡の中でも価値があるものがまずは「史跡」として指定される。

次に遺跡を管理する自治体が目指すのは史跡指定された土地の公有地化である。史跡は不動産であり、その範囲は明確でなければいけないため、地番や国土座標によって示される。指定後は境界杭《ぐい》の設置も必要となる。公有地化は「究極の保存」とも言われる。公有地化にあたって、国は上限8割まで補助金を交付することができる。この仕組みを活用することで多くの史跡は指定地の公有地化が図られ、遺跡が確実に保存されることになる。なお、公有地化は土地所有者の理解と協力によって行われることから決して強制ではないし、そのようなことがあってもならない。

かつては、史跡指定と公有地化をもって史跡の保護が終了となる場合（「凍結保存」とも言われる）が多かったが、会計検査などによって公有地化された史跡のより積極的な活用が求められるようになってきた。その一例が遺跡公園としての整備と建物復元等の設置である。公有地化された史跡を活用するために、現在では整備活用計画なるものを策定しなければならない。検討や策定に際しては専門家だけでなく、地域の声が反映されるように地元住民が参加する場合も多くなっている。この整備活用計画の中では、史跡の今後の保存と活用の基本的な考え方が述べられ、その具体的な方法等も記述される。そのため検討と策定には数年かかることもある。

史跡の将来の活用方法が定まり建物復元がされる場合には、さらに専門的な検討が必要となることから別途、専門家委員会が設置されることがある。この専門家委員会では発掘の成果をもとに考古学や建築学、民族学等のさまざまな分野の専門家が議論し、意匠や設計図が決定される。設計図ができると次はいよいよ工事開始となるが、まずは工事内容を示し、文化庁から現状変更許可を得たうえでようやく着工となる。各段階での十分な議論と文化庁との情報共有が重要である。

文化庁との綿密な打ち合わせは常に必要だ。そうでないと補助金の交付がされないケースも懸念されることから注意が必要だ。なお遺跡公園などの整備には、国が最大で5割補助することができ

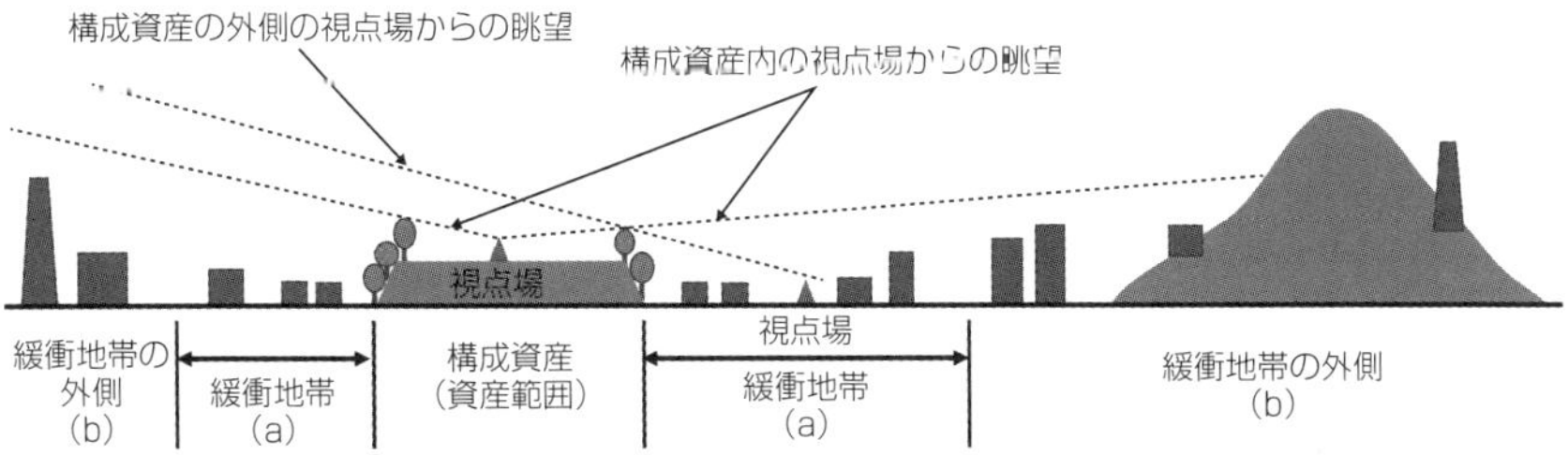

a）構成資産の内外の視点場からみた眺望を保全し、構成資産と調和した景観形成を図る。
（建築物等の高さ、形態・意匠の規制）
b）構成資産の内外の視点場からみた眺望を保全する。
（建築物等の高さの規制）

縄文遺跡群の構成資産周辺の景観保全（※3）

ることになっている。当然ながら、工事も地下の遺構を傷つけないように慎重に行わなければならない。かつて三内丸山遺跡では整備工事の際、誤って一部の遺構を破壊するという毀損《きそん》事故が発生したが、二度とあってはならないことである。

これでようやく竣工《しゅんこう》となるが、世界遺産の構成資産である史跡には、さらに厳しい保全の義務が課せられている。特に重要視されているのは景観である。ユネスコは最近、世界遺産とその周辺における景観保全について敏感になっていることが文化庁からも情報提供されている。

「北海道と北東北の縄文遺跡群」の場合には指定地内に視点場を設定し、そこから景観が保全されるような仕組みをつくっている。しかし、遺跡周辺の緩衝地帯や、さらにその外側でも大小さまざまの開発行為が常に発生しており、景観の保全も将来的に安心できない状況にある。資産の保全のため、ユネスコは遺跡周辺での開発行為については、世界遺産への影響をしっかり検討する遺産影響評価を行うことを求めている。県内では各地で風力発電が計画され、中には遺跡からの眺望景観が低下する懸念がある場所も見受けられるようだ。新たな保全の課題がすでに出てきているように思う。

第2章　原点は三内丸山遺跡

壮大な物語 静かに開幕

1992（平成4）年4月、日陰にはまだ雪が残り、肌寒い風が吹く中、三内丸山遺跡（青森市）に私は立っていた。

まもなく始まる発掘の下見に、担当する同僚たちとやってきたのだ。遺跡だけに地面には土器片が散らばっていたものの、まさか30年後にこの遺跡が世界遺産になろうとは。三内丸山遺跡を巡る壮大な物語が静かに幕を上げた瞬間であった。

青森県はこの三内丸山遺跡や隣接する近野遺跡に、野球場やサッカー場などの体育施設の建設を計画していた。青森あすなろ国体（77年）の際に整備された運動公園は老朽化し、あらたな施設整備が求められていた。その代表が県営野球場であった。そのころの青森の高校野球は甲子園に出場することが容易ではなく、その理由の一つとしてプロ野球など一流のプレーを見る機会が少ないことなどが指摘されていた。

しかし、建設予定地は遺跡（文化財保護法では「周知の埋蔵文化財包蔵地」と呼ばれる）であって、しかも江戸時代から知られる著名な三内丸山遺跡である。三内丸山遺跡は工事中に偶然見つかったと誤解されることがたまにあるが、そのような事実はない。

通常、遺跡内で土木工事等の開発行為が行われる場合、現状保存を基本としながらも、やむを得ない場合にのみ発掘を行い、記録として保存することが一般的に行われている。日本で行われている多くの発掘は開発事業に伴うもので、発掘が終了すると遺跡そのものは残らない場合がほとんどである。徹底して調べられるのでまさしく発掘は遺跡の解体作業とも言える。三内丸山遺跡の場合、当初の計画では広大な遺跡のほぼ半分が発掘の対象となっていたことから、主要な部分は最終的に体育施設となり、消滅する運命にあったわけである。

多くの発掘は文化財保護法に基づく行政措置であって、学術的解明を目的とするものではない。必要最低限の予算で行われているのが現実である。純粋な学術研究であれば、発掘の原因をつくった開発事業者が経費を負担する理由はなくなる。この点について正しく理解している文化財関係者は意外と少ない。開発事業によって遺跡そのものが破壊されることから、発掘の経費については事業者自らが負担する原因者負担で行われる。発掘は文化財保護の一環として行われるが、結果的に遺跡がなくなるため、厳密に文化財保護と言えるかどうか厳しい―との意見もあるくらいである。

かつては発掘が必要であっても諸般の事情で実現できず、人知れず破壊された遺跡が数多くあった。しかし、最近は各自治体の文化財を所管する組織体制の整備も進み、加えて開発事業者の理解と協力も得られるようになり、必要な発掘が確実に実施できるようになってきた。その意味では本県の文化財保護行政も着実に進んできたと言え、その推進に微力ながら関わってきた者として大きな喜びでもある。

遺跡の存在は少なくとも江戸時代から知られ、紀行家・菅江真澄《すがえますみ》（1754〜1829年）の『すみかのやま』に、出土したと思われる土器や土偶の記述が見られる。

1952（昭和27）年からは地元医師の成田彦栄氏と慶応義塾大学によって発掘が行われ、竪穴建物跡が検出されている。実はこの発掘には逸話がある。当時、考古学の主流は土器研究であり、特に新旧関係を示す編年構築が最大の関心事であった。92年に始まった平成の大発掘の際、慶応大学の発掘で検出した竪穴建物跡を再び調査することになったのだが、なんと石皿など重量のある出土品は取り上げられることなく、そのまま埋め戻されていたことが判明した。当時の研究が土器にしか関心がなかったことの表れであり、奇しくも同じ石皿が数十年の時を経て、再び出土したというわけである。

また、三内丸山遺跡は土器が出土することで市民にもよく知られていたようで無届けの発掘、つまり盗掘も後を絶たない状況で遺跡の荒廃も進んでいた。周辺では盛んに土木工事も行われ、切り土された断面には竪穴建物や貯蔵穴などの断面をたまに見ることができた。

このように部分的な発掘は行われていたものの、全体像がわかるような規模ではなかった。これに対して、平成の発掘は過去にない規模のものであり、県教育委員会としても総力をあげた取り組みであった。私は当時、県埋蔵文化財調査センターに勤務しており、県内遺跡の発掘に従事していた。三内丸山遺跡の発掘担当となった私は現場での指揮を執ることになったわけだが、率直に言って遺跡解明への期待感や高揚感より、あまり苦労したくないという気持ちの方が勝っていた。なぜなら、大量の出土品が事前に想定されていたからであった。この不安は見事に的中する。

建築途中も悪くない

さて、三内丸山遺跡の中で特に目を引くのが大型掘立柱《ほったてばしら》建物である。わざわざこの高さ約15メートルの構造物を見に来る見学者も少なくない。ちなみに掘立柱建物とは竪穴などの半地下式の構造ではなく、柱で床や屋根を支えた高床式もしくは平地式の建物をいう。細かな基準はないものの見た目で太い柱が使われているものが大型掘立建物と呼ばれる。

大型掘立建物跡は三内丸山遺跡が全国的に注目され、その後の縄文ブームのきっかけとなった重要な発見であり現在ではそれを立体表示している。かつては復元建物と呼ばれていたが、世界遺産登録を目指す際にユネスコ（国連教育科学文化機関）が使用する「修復」とは区別し、誤解を招くことがないよう「立体表示（3Dモデルと呼ぶ場合もある）」としている。

さて、現在の大型掘立柱建物のことだが、実は建築途中である。このことはあまり知られていない。つまり未完成ということだ。この大型掘立柱建物を見るたびに立体表示を巡る苦渋の決断がいつも思い出される。学術と行政の狭間《はざま》で揺れ動いた当時の自分の思いを率直に話してみたい。

まずは発掘当時の状況を確認してみる。1994（平成6）年7月、調査区の北西端から直径約2メートルの柱穴が3個ずつ2列、計6個が並んで見つかった。このうち3個の中から直径約1メートルのクリの巨大木柱が出土した。柱の間隔は柱の中心から中心まで全て4・2メートルで、平面的に見ると正方形が2個並んだ長方形となっている。柱穴の深さは現存値で1・6メートルだ

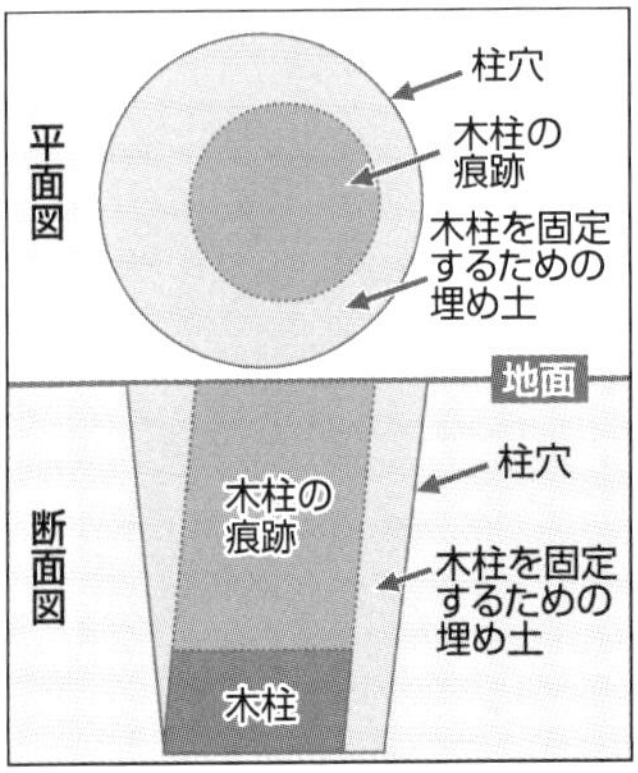

内転びの考え方

1994年に直径約２メートルの柱穴が３個ずつ２列並んで検出された（※４）

が、縄文時代には2メートルほどあったと推定されている。木柱を固定するための埋め土には粘土と砂が使われ、非常に堅く締まっていた。このような埋め方は他の建物跡では確認されていない。

木柱の固定される位置は柱穴の中央ではなく、北側の列は北寄りに、南側の列が南寄りとなっていた。また木柱は垂直ではなく、互いに少し内側に傾いている「内転び」であることも確認した。柱穴を5センチずつ掘り下げ、そのたびに柱の痕跡の平面図を記録。柱が傾いている場合には、掘り下げるたびにその位置が少しずつ変化することも確認した。ゼネコンの大林組の土壌分析では木柱の長さは約14～23メートルと推定された。

この大型掘立柱建物跡の目的や用途はもちろん、形や構造についても発掘当時からすでに論争となっていた。考古学の世界では「地下に真実、地上にロマン」という言い方があるが、現存しない地上部分についての想像は広がり、考古学者以外にもさまざまな分野の研究者や専門家、そして市民も参加するといった状況であった。

いろいろと考えるのも遺跡の楽しみ方のひとつと言えなくはないが、肝心の結論はすぐに出るものではない。建物説と非建物説（木柱説）とが対立する状況のなか、県が設置した専門家委員会においても議論が白熱し、意見の一致はなかなか見られなかった。

私は発掘の状況から「建物跡」と理解するべきと考えていた。非建物説は根拠が薄い上に調査所見との合理性も弱く、建物であっては困るといったような、やや感情的な主張のように感じられてならなかった。結局、意見の違いはそれぞれの縄文観の違いによるものと思われた。

青森県は遺跡公園の目玉として、この大型掘立柱建物跡の立体表示を計画していた。基本的には建物説の立場で立体表示を進めるものの、非建物説についても説明版や模型を作り十分に説明することとし、専門家委員会でも基本的な了解をいただくことができた。設計を担当する、建築史が専門の高島成侑先生（故人、当時・八戸工業大学教授）による設計も進み、あとは立体表示案の公表を待つのみであった。

大型掘立柱建物を立体表示するに当たって
さまざまな案が浮上した

ところが、公表前にこの案は修正されることになった。木村守男知事（当時）が疑問を呈したからだ。確かに遺構としての評価が確定しないまま、立体表示を進めることについて違和感があったのかもしれない。木村知事に対しては、ここに至るまでの経緯や立体表示の考え方を説明申し上げたが、当初案での工事は困難であると感じられた。一方、専門家委員会の意見も尊重しなければならない。時間がない中で関係者による検討は重ねられたが、効果的な打開策がすぐに出てくるわけではない。

結局、当初案から屋根をとり、将来的には屋根をつけることとするものの、当面は設置せず「建築途中とする」ということで再度、知事と専門家委員会の了解をいただき、ようやく工事着工にたどりつくことができた。完成したのは96（平成８）年のことである。

現在、遺跡に立って大型掘立柱建物を改めて見る。風化が進んだことで景観的に不自然さはなくなっているし、強風で屋根が飛ぶ心配もない。だから「建築途中」もなかなか悪くはないと密かに思っている。

縄文の精神世界に迫る

遺跡公園として公開されている三内丸山遺跡では、発掘当時の衝撃的なすごさを感じにくいところがあるようだ。保存のために埋め戻しをしたこともあり、おびただしい出土品のほんの一部しか見ることができないというのもあるかもしれない。

さて、遺跡をよく見てみると丘や谷があり、意外と起伏のある地形であることがわかる。この地形の凸凹が実は三内丸山遺跡の価値やすごさを示している。丘のように見える場所は縄文時代の盛《も》

三内丸山遺跡に３カ所ある盛り土の位置。左上から北、南、西の各盛り土（※５）

り土《ど》（遺構）である。土砂を長年にわたり繰り返し捨てた（盛った）結果、周辺より高くなり丘のようになった。

　盛り土といっても土砂ばかりではなく、その中には土器や石器などの日常生活の道具類はもちろん土偶や装身具、小型土器などさまざまな種類の出土品が多く含まれている。そのため遺跡の中でも特別な空間として理解されるようになってきた。遺跡における盛り土の認識は最近のことで、考古学においても新しい研究分野である。

　ほとんどの遺跡は地下に埋まっている。もともと人々の生活や活動であった場所に土が堆積し、時間の経過とともに徐々に埋まり、現在に至った結果である。一方、盛り土のように人間が意図的に土を捨てたり盛ったりした場合もあることが明らかになってきた。

　三内丸山遺跡では発掘により現在、北、南、西の３カ所の盛り土が確認されている。このうち、北盛り土は土器などの平面的な出土状況を、南盛り土は土の堆積の様子を観察できるように覆屋を設置し見学できるようになっている。「さんまるミュージアム」では南盛り土の地層の剥ぎ取りを展示してお

南盛り土。地層の厚さが2メートル近くあり堆積の様子を観察できる

盛り土から出土した装身具類

盛り土から出土した小型土器

り、間近で様子を見られる。

さて、南盛り土は地層の厚さが2メートル近くあるが、短期間のうちに一気に土が盛られたわけではない。細かな地層が幾重にも重なり、大規模な盛り土を形成している。約千年かかったものと推測されている。それぞれの地層も炭を多く含むものや土器を多く含むもの、動物の骨を含むものなどさまざまである。

盛り土は出土品の状況に特徴がある。例えば、土偶は2千点以上出土しているが、そのうち8割は盛り土からである。土器や石器も多く、長野県産の黒曜石製の石鏃《せきぞく》や新潟県糸魚川産のヒスイ製大珠まつりや儀式に使用された可能性の高い道具類が埋まっている。

そもそもなぜ土を盛ったのか、あるいは道具類を埋めたのかという基本的な問題がある。しかも長期間にわたり、世代を超えて形成されたということは、縄文人にとっても重要な活動だったことにほかならない。どうも盛り土は縄文人の精神世界と関係する可能性が大きく、さらに自然とともに生きた人々の価値観や世界観に迫ることが期待できる。そのためにも形成の過程や地層の解析など、基本的な事実の積み重ねを進める必要があろう。盛り土について発掘予定は当面ないものの将来的に優先度は高い。幸いにも、南盛り土は内部の状況を見るために設けた試掘溝以外は、ほぼ良好な状態で保存されているだけに発掘が着手される日を心待ちにしている。

凹地は谷であり、縄文時代では沢や低地などであった。現在、北と南の谷のほかに無数の小さな谷や沢があることが確認されている。北の谷には大量の土器や石器が包蔵されている。平成の大調査では一部発掘をしたが、遺跡保存が決まり、発掘途中で埋め戻しを行った場所である。低湿地だけに木製品や漆器、編み物など有機質遺物がこれまでにも出土し、まだ相当量の出土品が埋まっているものと推測される。

さらに土に含まれている微細な情報も重要である。植物の花粉化石、種子、魚骨など当時の環境を示す貴重な手がかりが残されている。これまで辻誠一郎先生（東京大学名誉教授）らによって分析が行われ、森林植生では居住開始とともにクリが卓越するなどの知見が得られている。

三内丸山遺跡に見られる地形の凹凸はまさに情報の宝庫である。世界遺産であり、特別史跡でもある三内丸山遺跡の価値を現代に伝え、それを象徴的に示しているといえる。いずれ発掘が再開される日が来ることを楽しみにしている。

三内丸山の巨大さ証明

平成の大発掘において、三内丸山遺跡の北の谷の東側には、縄文時代中期の大規模な墓地が広がっているることが把握されていた。ちなみに谷の西側には竪穴建物跡、大型竪穴建物跡、大型掘立柱建物跡、多くの子どもの墓などが分布する。

縄文時代は地面に墓穴を掘り、そこへ遺体を埋める土葬が基本的な埋葬方法である。遺体は時間の経過とともに分解され、やがてその痕跡は徐々にわからなくなってしまう。日本は火山国であり、遺跡が立地する台地には火山灰など酸性土壌が堆積していることから、人骨等が見つかる場合はまれなケースであると思ってよい。貝塚などで人骨が見つかるのは、捨てられた貝類によって土壌が中和されているからと考えられている。遺骨が確認されない場合、遺跡は「用途不明の穴」だらけという状況になりかねないが、配置や形状、副葬品などを分析することで、例え用途不明な穴であっても、その目的が墓であることがおおよそ推測できる。

三内丸山遺跡の墓穴の平面は楕円《だえん》形（小判形）や円形で土坑墓と呼ばれる。平成の大発掘でこの土坑墓が多数見つかり、しかも長軸が南北方向を向くものが多かったことから、何らかの規制、つまりはルールのような存在が考えられた。副葬品としては石鏃など狩りの道具や木の実をすり潰《つぶ》す敲《たた》き石などがあり、前者は男性、後者は女性の墓とも考えられた。たった1例だけヒスイ製のペンダントが副葬された墓があるが、全長が1メートルに満たず、成人用の墓かどうか検討を要する。

三内丸山遺跡の墓列（点線部分）、円部分が北の谷（※６）

調査が進むにつれて、これらの土坑墓は２列に並んでいる可能性が高くなった。長軸が同じ方向を向き、短軸方向に並列しているらしい。他の遺跡においても土坑墓が同じ方向を向いて並列する例はすでに知られていたし、三内丸山遺跡に隣接する調査区では整然と２列に並んだ土坑墓も確認されていた。

発掘を終え、室内作業を進めていた時の話だ。空中撮影写真を見ていて、土坑墓列の間の色が帯状に周囲とは違っていることに気がついた。まるで道のように見えた。現場では確かに墓列の間が多少くぼんでいるところも見られたが、道とは断定できなかった。全国の縄文遺跡でも頻繁に道の跡は確認されているわけでもなかったためである。

２列に並んだ墓列は集落中心から東側に延びており、集落の範囲を考えるうえで墓列がどこまで延びているのかを確認する必要が出てきた。遺跡では１９９５（平成７）年から遺跡の範囲や内容を確認することを目的とした発掘に切り替わっており、遺跡全体の調査が進められていた。

墓列が続きそうな場所の見当をつけ、幅４メートルのトレ

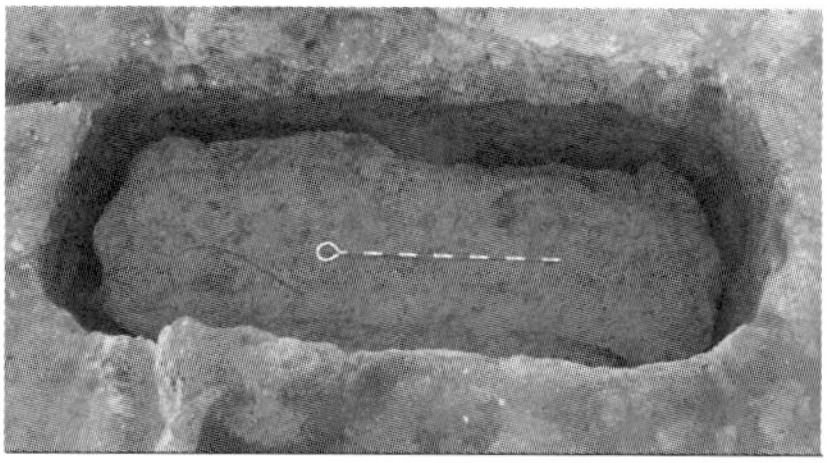

平成の発掘で多数見つかった土坑墓（※7）

手前が墓列で奥が道跡。道部分がくぼんでいることがわかる（※8）

ンチ（調査のための溝）を設定して掘り下げる作業が繰り返し行われた。調査は小笠原雅行さん（現・三内丸山遺跡センター副所長）が担当した。小笠原さんは低湿地から盛り土まで三内丸山遺跡を知り尽くした専門家のひとりである。

墓列が2列あることを常に確認しながら、調査は東に向かって進められた。東は陸奥湾の方向にあたり、地形から見て、集落の出入り口がある可能性が高いと考えられている。なぜなら当時は丸木舟が移動手段であり、漁労も重要な活動であったからだ。

調査の結果、墓列の間がくぼんで浅い溝のようになっており、その路肩の部分に土坑墓が造られていることが明らかとなった。道の路面はところどころ掘り返されており、まるで舗装しているかのようにも見えた。この部分が空中写真では色が変わっているように見えたのである。結局、墓列は台地の途中から南側に緩やかにカーブしながら低地へ続いていた。その長さがなんと約420

小型のストーンサークルで囲んだ環状配石墓（※9）

メートル、高低差にして15メートル。我々の想像をはるかに超えた規模であった。余談だが、現地指導に訪れた文化庁の主任文化財調査官がこの大規模な墓列を見て「さすが特別史跡」と、感嘆の声を上げたほどであった。

その後、南北に370メートル延びる道と、墓の周囲を小型のストーンサークルで囲んだ環状配石墓も確認された。三内丸山遺跡の巨大さがまさしく確認されたのである。論より証拠というが、発掘によってこの遺跡のすごさが明らかになっている。現在、東側の墓列の実物の一部が公開されている。

定住示す画期的研究

遺跡からの出土品は土器や石器だけではない。土偶もあれば土製や石製のもの、あるいは木製品などの有機質の出土品も、当時の人々の生活や技術を考えるうえで重要である。ほかに顕微鏡でなければ確認できないような微細な出土品もある。最近では遺伝子分析も可能となったことから、「遺伝子」という極小の出土品も含まれるようになった。それに伴って調査研究や分析の対象範囲も広がっている。

平成の大発掘の際、高圧線鉄塔を移設するため、遺跡の北端部（第6鉄塔地区）を調査することになった。調査の結果、縄文時代前期（約5800年前）の低湿地であることが判明した。約4メートル掘り下げた地層からは大量の土器や石器、骨角器なども出土した。著名な「縄文ポシェット」（袋状編み物、重要文化財）もこの場所からの出土である。加えて、動物の骨やクルミなどの堅果類、植物種子も出土したことから、有機質の情報が良好な状態で残っていることが確実となった。そこで環境史が専門の辻誠一郎さん（当時・国立歴史民俗博物館、東京大学名誉教授）や動物考古学の西本豊弘さん（同、同名誉教授）らと相談し、掘り上げた土を回収してふるいにかけながら水洗洗浄し、微細な出土品を可能な限り抽出することにした。

県内はもちろん日本で行われている発掘の多くは開発事業に先立つもので、経費は開発事業者の負担。あくまでも「失われる遺跡」を記録保存することが目的で研究が趣旨ではない。そうした発掘成果は報告書にまとめられ刊行される。当然ながら、予算と作業期間という厳しい条件の中で実施されるのが普通である。三内丸山遺跡も同様であり、効率よく微細な出土品の回収と、種類の同定や分析が行われなければならない。

まずは試験的にいろいろな方法が試された。回収した土に単純に水を加えても泥化するだけで、ふるいにかけやすくなるわけではない。試行錯誤しながら作業は繰り返し行われ、その過程で植物の種子や小さな魚骨が含まれていることが確実となった。なお、これらは通常の発掘で見つけることは困難である。ふるいによる残留物は肉眼ないし拡大鏡、あるいは顕微鏡で大きさや種類ごとに分別され、さらに専門家により詳細な分析が行われる。このように徹底して取り組んだ例は当時国内では珍しかったと言える。

さて、このような分析を通じて興味深いことがわかってきた。魚骨を担当した樋泉岳二《といずみたけじ》さん（当時　早稲田大学講師）によると50種類を超える魚の骨が確認され、ほとんどが現在の陸奥湾内でも生息することから、湾内が主な漁労の活動域であったとした。

体長が1メートル近くもあるマダイの骨も出土し、湾内は恵まれた漁場であった。比較的多く出土したのがニシンだが、現在湾内では獲《と》れないことから興味深い。その他貝類では温暖種のシオフキが含まれており、当時の海水温が現在よりも温暖であったことがわかる。マグロなど海峡まで出かけて獲ったと思われる魚種もあり、活動範囲は湾内だけに留《とど》まるものでもなかったらしい。

斉藤慶吏さん（動物考古学、現・三内丸山遺跡センター保存活用課副課長）は特定種への極端な偏りは認められないとする。具体的には1メートル以上の大型のサメ類、0・5～1メートルクラスの大型種（サメ類、マダラ、カツオ、ブリ、マダイ、ヒラメ）、30～50センチの中型魚（マダイ、スズキ、ブリ、ヒラメ、ソウダガツオ）、10～30センチの小型魚（イナダ・フクラギ、アイナメ、カレイ、ニシン、フグ、サバ、カワハギ、フサカサゴ、ウミタナゴ、イシダイ、サヨリ、ドジョウ）など魚種が多彩で、サイズ、生息域も多様であると分析している。岩礁性、砂性、泥性などさまざまな環境下の魚種が見られ、陸地と同じように海底の様子を熟知していたらしい。

魚種ごとに陸奥湾に回遊する季節を丹念に調べた樋泉さんは、漁労は森林資源が減少する主に夏

水洗洗浄などきめ細かな作業によって
取り出された魚骨（※10）

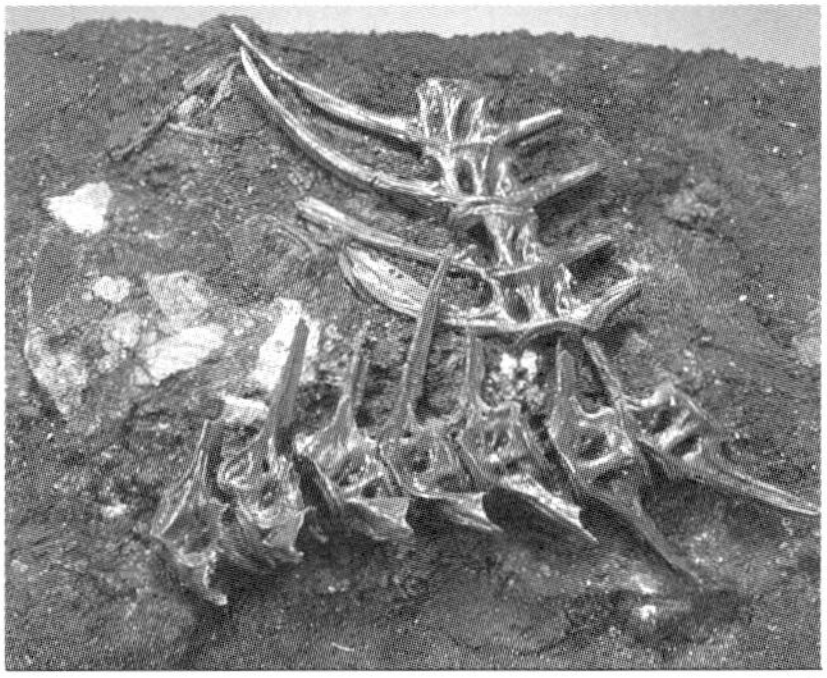

マダイの骨（※11）

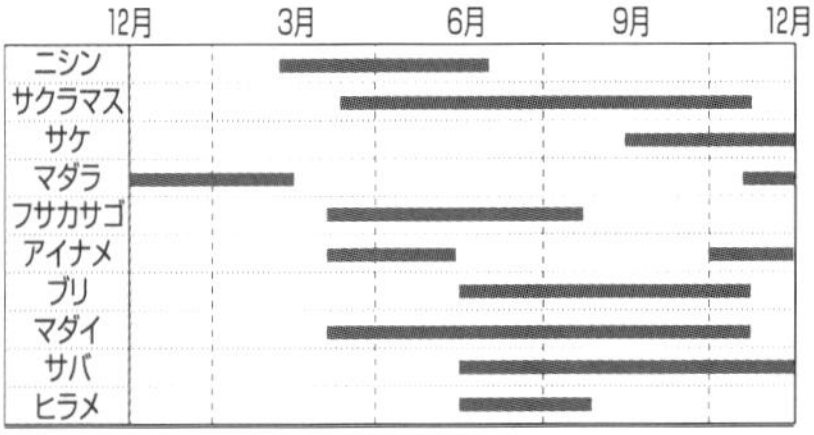

魚の季節性

ネズミザメ、ホホジロザメ、カスザメ、アブラツノザメ、メガネカスベ、アカエイ、トビエイ、マイワシ、ニシン、カタクチイワシ、アナゴ、サケ、コイ、マダラ、サヨリ、クロソイ、メバル、オニオコゼ、コチ、ホッケ、アイナメ、カジカ、スズキ、イナダ、フクラギ、マアジ、シイラ、マダイ、クロダイ、イシダイ、ウミタナゴ、ボラ、ハゼ、カマス、ベラ、サバ、カツオ、マグロ、サワラ、ヒラメ、カレイ、カワハギ、フグなど

出土した魚骨一覧
※網掛け文字は多く出土した魚

期の活動であるとする一方、年間を通じての漁労活動が確認できることから、三内丸山での通年居住の可能性を指摘した。大きな研究成果だった。

　縄文時代は定住が始まり成熟した時代とされるが、その根拠は必ずしも明確ではなかった。しかし、出土した魚骨から季節性を突き止め、最終的に通年居住という定住の証拠を提示した樋泉さんの研究は画期的なものと言っていい。小さな魚骨でありながら、人間の歴史を雄弁に描き出してくれたのである。

クリ林 縄文人が造る

三内丸山遺跡の微細な出土品の中には植物の種子や花粉の化石なども含まれ、それらを調べることによって、どのような草木が生えていたか植生環境を知ることができる。自然とともに生きた当時の人々の生活を解明するうえで重要である。

花粉化石は当時の花粉が化石化したもので、数千年経過した現代であっても低湿地などの土中に残っている場合がある。しかし、どのような遺跡でも常に検出されるわけではない。亀ケ岡石器時代遺跡（つがる市）や是川石器時代遺跡（八戸市）が有名なのは、精巧な土器や漆製品が出土するだけでなく、低湿地部分の土中に花粉化石が残存し、それらの分析によって植生環境の復元が試みられているからだ。三内丸山遺跡でも低湿地が確認されている。

さて、三内丸山遺跡での花粉化石の分析を含めた植生環境の復元を担当したのが、環境史が専門の辻誠一郎さん（当時・大阪市立大学、東京大学名誉教授）らの研究グループであった。辻さんとの出会いは偶然であった。三内丸山遺跡の大発掘からさかのぼる１９８８（昭和63）年の秋。私は青森県から遠く離れた千葉県成田市にある荒海《あらみ》貝塚の発掘に参加していた。荒海貝塚は縄文時代晩期の著名な遺跡で、その発掘を国立歴史民俗博物館（千葉県佐倉市）が行うこととなり、旧知の博物館員から誘われたからであった。

青森県にも貝塚はあるものの発掘の機会はまずない。発掘現場を見学する機会があっても自ら掘ることはないと思っていたが、幸いにもその機会に恵まれたのであった。休暇を取得し、自家用車を運転し遠く成田市を目指した。

朝から夕方まで、一日中ヤマトシジミの貝殻をひとつひとつピンセットで拾う作業の連続であったが、貝塚の形成過程を知るなど実に充実した毎日であった。その荒海貝塚の環境復元を辻さんが行っており、発掘現場でお会いすることとなった。その際に青森県の西海岸地方の巡検（現地調査）を継続して行っているので、次回参加しないかと誘われた。私も西海岸の遺跡には関心があり、論文等で辻さんの名前は知っていたこともあって楽しみにしていた。

間もなくして巡検に妻とともに参加する機会が訪れた。朝から晩まで海岸線を歩きながら、学生や大学院生、若手研究者らに丁寧な説明をする辻さんの姿は新鮮であった。フィールドを大事にする、こんな素晴らしい研究者と仕事する機会があればと思っていたところ、思いがけず早くやってきた。年賀状に三内丸山遺跡の低湿地を発掘していると添え書きしたところ、すぐに辻さんから発掘への参加を打診するはがきが届いた。辻さんらの研究目的は遺跡での生態系を明らかにすることで、花粉化石や種子、木材などいろいろな情報を総合的に分析するものであった。そして三内丸山遺跡の分析の結果、驚くべき状況が判明した。

人々が居住し始める前にはブナやミズナラの森であったところが、居住開始とともにクリが急増。なんと出土した花粉化石の大半を占めていたのだ。このことはクリと人間が密接な関係にあり、人為的にクリ林を造っていた可能性が高いことを示していた。辻さんらは縄文里山と呼べるような人為的な生態系が成立していたと指摘し、このような状況は青森平野を中心とした集落やその付近周辺でのみ見られることも確認した。出土した木材の樹種同定を行った鈴木三男さん（当時・東北大学、東北大学名誉教授）や能代修一さん（当時・森林総合研究所）の結果によってもそれが裏付けられた。クリが圧倒的に多かったのだ。

出土した炭化材の８割以上がクリであることも明らかになった。出土したクリの実の遺伝解析を行った佐藤洋一郎さん（当時・静岡大学）は、栽培されていた可能性があることを指摘した。このように三内丸山の人々とクリとの密接な関係が明らかになったものの、なぜクリなのかということについては今も明確な結論が出ているわけではない。クリは生長が速く、食料にも建築材にも利用範囲は広い。当時の環境に適していたのかもしれないし、精神世界と関係することも視野に入れる必要があるだろう。北海道ではもともとクリは自生していないが、本州からクリが持ち込まれると集落数が増加する傾向もみられるようだ。

縄文時代の環境そのものはもちろん、集落と植生環境の関係を知ることができる遺跡は少なく、これもまた三内丸山遺跡の持っている圧倒的な情報量とその質の高さを物語っている。

集落の中心域、道路の両側はクリ林

縄文の新たな魅力発信へ

２０１５（平成27）年11月、年度途中に新設された県企画政策部世界文化遺産登録推進室室長として異動することとなった。それまで世界遺産登録の業務は、県教育庁文化財保護課内の世界文化遺産登録推進プロジェクトチームが行っていた。文化庁への推薦書案の骨子の検討もだいぶ進んでいた。日本国政府は年1件しかユネスコへ推薦することができないため、準備がある程度整った自治体間では必然的に競合が生じることになる。将来の審査に際して、世界遺産を持つにふさわしい組織体制でなければならないのは必然である。

しかし当時、文化財保護課長として作業を進めていた私にとって、多少の困惑があったのも事実である。推薦書案の作成については文化財保護に精通し、さらに考古学、特に縄文時代に相当詳しくなければ難しく、そのような人材は文化財保護課の文化財専門職員しかいなかったからだ。しかし、どのような状況であっても推薦書案の作成作業は加速させなければならなかった。県教育庁から県企画政策部という知事部局への世界遺産登録業務の移管は、全力で推薦書案作成に取り組むようにとの叱咤《しった》激励にも思われ、あらためて責任の重さを感じた。

一方、並行して縄文時遊館の増築棟の設計作業も進めていたので、完成後の運営方法も含めて道半ばにして後任に託すことになり残念であった。ただ、日頃から世界遺産登録業務に取り組んできた同僚らも共に異動することになったことが非常に心強かった。結果的に知事部局への業務移管によって推薦書案の作成に専念し、登録実現に向けて文化庁とも詳細な協議を重ねることができたため、新体制の効果も大きかったように思う。

異動して間もなく、教員だった弟が急逝した。7歳下であり、一緒に遺跡の発掘をしたこともあったし、教壇に立つ姿は頼もしく見えた。本当に悲しく、つらい出来事であった。

1日も早く登録実現を願う思いは大切だが、肝心なのは確実に世界遺産になることである。国内で推薦時期を争っても、その後の現地調査などの審査を乗り越えなければならない。そのためには地道にひたすら、より良い推薦書案の作成を行うことと、世界遺産を構成する各遺跡における保全と活用の推進の積み重ね以外にはない。その部分についてしっかり取り組んできたことが、推薦書へのユネスコの高い評価につながったものと思う。結果的に推薦時期を争っていた「佐渡金山」を追い抜くことになったのはそれなりに痛快であった。その後のコロナ禍や国際情勢を見れば、厳しいながらも良いタイミングでの推薦であったように思う。

世界文化遺産登録専門官として21（令和3）年7月の登録実現を見守ったのち、22（令和4）年3月に県職員を退職した。

ほっとしたというのが率直な気持ちであり、在職中から楽しみにしてきたことに挑戦したいとの思いもあった。しかしながら、翌月から三内丸山遺跡センター所長として、古巣というか自分の原点でもある遺跡へ戻ってきた。

世界遺産「北海道と北東北の縄文遺跡群」の中核の遺跡として、あるいは遺跡群全体の取りまとめ役として三内丸山遺跡の果たすべき役割は大きい。加えて縄文の雰囲気づくりを推進する、遺跡

三内丸山遺跡に新たにお目見えした
環状配石墓群の立体表示

そのものの整備や活用にも取り組まなければならない。老朽化しつつある見学施設への対応など課題も少なくない。24年度完成が予定されている青森駅複合ビル内の情報発信拠点の整備も遺跡群への誘客・集客対策として重要である。幸いにも世界遺産登録後、三内丸山遺跡には見学者が増加していることもあって遺跡の賑《にぎ》わいも戻りつつある。が、何もしなければせっかくの世界遺産効果も色あせてしまう。そうならないように危機感をしっかりと持って日々、見学者をお迎えしている。

　年齢を重ねるたびに細かな字を読むのが苦痛となり、読書量はめっきり減ることとなったが、その分だけ必要なものだけにじっくり目を通す時間と、考古学以外の書物にあたる機会も増えた。なぜ?どうして?と素朴な疑問が尽きることもなく、物事の本質に迫るためにはいろいろと考えることが重要であると思う。

　思い返せば遺跡と関わって半世紀以上も経過し、文化財保護行政にも長く携わることとなった。特に三内丸山遺跡と出合ってから30年以上がたつ。現在も所長として関わっているということは不思議な縁があるようにも思われる。この間、多くの人々と出会い、そして実に多くのことを学んだ。世界遺産登録推進という特殊な業務も経験し、県民の皆さんと登録実現の喜びを共に経験できたことは忘れられない貴重な財産である。

遺跡センターの充実

青森市の三内丸山遺跡センターに勤務し、久々に遺跡で仕事をしていることもあり、季節のかすかなうつりかわりも感じられる、新鮮な毎日を過ごしている。

センターは三内丸山遺跡および縄文遺跡群の保存・活用を担っており、青森県教育委員会の教育機関として2019(平成31)年4月に開館した。文化財としての三内丸山遺跡と、ガイダンス施設である縄文時遊館の管理・運営などを行っており、総務課、保存活用課、世界遺産課の3課が置かれ、私を含めて22人の職員が配置されている。博物館のように思われるが、じつは博物館法に定める「博物館」ではない。三内丸山遺跡に関するさまざまな取り組みをより幅広く進めるためにあえて博物館と位置付けていないと受け止めている。

さて、13年ぶりに三内丸山遺跡へ復帰したが、以前と変わらないのは毎日の大勢の見学者である。コロナ禍の影響もありながら、県内外からおいでいただき、心から感謝申し上げたい。そもそも遺跡や博物館はどこでも見学者や入館者が減少傾向にあり、その対策に関係者は頭を悩ませている。たまに各地の遺跡を訪ねるが、見学時に自分以外の見学者に出会ったことはほとんどない。歴史を静かにゆっくりと楽しめる場所だと思ってはいるものの、見学者が少ないことは管理・運営する側

大型掘立柱建物跡の木柱や膨大な土器群などを収納する縄文時遊館地下の収蔵庫

からすれば頭が痛い問題である。

世界遺産効果もあって、三内丸山遺跡では順調に見学者数が伸びており、休日ともなると千人以上の人出がある。「三内丸山遺跡発見」を契機とした縄文ブーム時ほどではないものの遺跡公開以降、見学者が大きく減っていないことは良いことである。一方、見学者の様子は大きく変わったように思う。修学旅行などの団体が減り、家族や個人が増えている。何より若い世代や女性が目立つようになった。

これまで遺跡というと、時間に余裕のある比較的、年齢層の高い見学者が多かったが、明らかに年齢層が広がっている。世界遺産登録に関連して多くの番組や書籍がつくられたこともあって、縄文遺跡に興味関心を寄せているのかもしれない。今後、見学者の傾向を踏まえた企画やサービスの提供を考える必要があると思っている。

それこそ発掘が始まった30年前は一面が畑と原野であったが、現在は縄文時代のたたずまいを復元することを目的として、野外では建物等が立体表示されているし、発掘当時の状況が見学できるように覆い屋なども設置されている。

また縄文時遊館では、縄文ポシェットなどの重要文化財が常設展示されているさんまるミュージアムや企画展示室などを備えている。整理作業が間近で見学できるほか、地下にある一般収蔵庫もかなり見応えがある。ユニークなグッズがあるミュージアムショップもお勧めだ。レストラン、物産販売など観光施設としても基本的な機能はしっかりと備えており、遺跡と一体となった施設としては国内でもトップクラスの充実した施設となっている。

加えて特別展や企画展、各種講座、体験学習と豊富なメニューが揃《そろ》っているのでぜひともホームページをご覧いただきたい。なお、中学生までは入場無料であり、イベント開催期間も年齢に関係なく無料となっている場合が多い。

第3章　遺跡との出会い

土器見つけては大喜び

私は1957（昭和32）年8月28日、郁雄・せきの長男として弘前市に生まれた。

父の郁雄は弘前市出身で、東京の大学を卒業すると郷土に戻り県立高校の教員をしていた。母のせきは上北郡六ケ所村生まれで、高校卒業後、地元の郵便局に勤めていた。ある時、せきは国立弘前病院で手術・入院することとなり、そこで人を介して2人は知り合い、結婚に至ったらしい。

私は誕生直後から病弱で、年を越せるかどうか両親はとても心配し、一時は厳しい覚悟もしたと聞いている。「流行風邪のため死線さまよう」と、私のアルバムにも父のメモが残されていた。一家は弘前公園近くの藤田別邸庭園近くの借家に住んでおり、夜泣きが激しくなると、私を抱きながら深夜に庭園を散歩することも度々あったらしい。かすかに、父の自転車に乗せられて弘前公園二の丸にあった小さな動物園を見に行ったことを覚えている。

私が1歳を迎えるころ、父が結核に罹患《りかん》してしまい、国立弘前病院に長期入院することとなってしまった。そのため、病院近くの富野町に転居することとなった。借家であったが結構広かった記憶があり、裏は国立病院、道路の向こう側は弘前大学という環境であった。

やがて、隣家に郁雄の妹夫婦である村越潔《きよし》（1929～2011年、弘前大学名誉教授、元県文化財保護審議会会長）の一家も転居してきた。村越は東京の大学で考古学を学んだ後、高校の教員や大学の助手を務めていたが、1958（昭和33）年に弘前大学教育学部の教員として赴任し、郁雄の妹貞子と結婚していた。のちに親子2代にわたって村越の下で考古学を学ぶことになろうとは…。本当に不思議な縁である。

父の郁雄は読書好きで歴史好きでもあった。ある時、教え子が学校に土器を持参し、それを村越に見てもらったことをきっかけに考古学に興味を覚えたらしい。結局、弘前大学の聴講生となり、週に1度研究室に通い、本格的に村越の下で考古学を勉強するようになった。やがて発掘にも同行するようになる。

叔父でのちに弘前大学教授となる村越潔（右から３人目）にかわいがられる筆者（右から２人目）＝1966年ごろ

10年近くを過ごした富野町時代、借家の近くには貸本屋や駄菓子屋があり、昭和のなつかしい風景をいまだに鮮明に覚えている。ちなみに通った保育園は重要文化財の弘前偕行社であり、その時から文化財が身近にあったことになる。
時々、村越の研究室を訪ねたことがあるが、部屋の外には土器など資料の入った木箱が山積みされ、室内には多くの書籍がうずたかく積まれていたことを覚えている。急激な経済成長に支えられたこともあり、市立文京小学校に入学すると同時に、一家は郊外に家を新築することになった。現在もその家は残されている。当初は小さな家であったが、増改築を何度も経て、いつの間にか部屋数が増えていった。

この引っ越しを機に、私は遺跡との関わりを持つことになった。当時、弘前郊外にはリンゴ園や畑が広がり、一方で宅地造成や土の採取作業など小規模な開発工事も多かったように思う。そのような場所では土器などが見つかることが少なくなかった。子ども用自転車で少し足を延ばせば、そんな場所へ行くことができた。しかし子どもだから、どこに遺跡があるのかわかるはずもなく、土器の発見はほとんどの場合、偶然であった。でも、土器を見つけた時は大喜びしたものだ。

拾った土器を持ち帰り、父が帰宅する前に乾かしておく。そうするとそれを見た父がいろいろと解説してくれた。いつの時代の土器なのか、その時代はどのような形をしているのか、付けられている模様の名前はなんと言うのか。たった一片の土器のかけらでさえ、多くの情報をもっていることを、子どもながら感じることができた。

たまに家にやってくる村越も土器を見てくれた。時には村越と父と私の3人で、土器を拾った遺跡を見に行ったりもした。やがて、自分でもそれなりに拾ってきた土器の年代がわかるようになってきた。しかし、急激な都市化で遺跡が減ってきたこと、加えて小学校野球部（このころは弘前大学附属小に転校していた）の部活が忙しくなってきたため、土器拾いもしばらく休業状態となってしまった。

世紀の発見にドキドキ

歴史好きになったのは遺跡と出会ったことが大きかったが、もうひとつ少年の心をつかんで離さなかったものに本の存在がある。

父郁雄が無類の読書好きということもあって、家にはたくさんの書籍があった。小説や経済学の専門書、義理の弟である村越のところで考古学を学んだこともあって、それこそ概説書から専門書まで考古学関係の本も幅広く揃っていた。

家にいる郁雄は暇さえあれば読書をしていたという印象が強く、あとは趣味で絵を描いたり、囲碁を打つくらいであった。酒は一滴も飲まず、それこそ酔っぱらった父の姿を見たこともないし、冷蔵庫の中にビールが冷やしてあるということなどもほとんどなかったように思う。

父郁雄に抱かれる筆者

さて、私も暇があると父の書斎に入り込み、面白そうな本を手に取って読むことが大好きであった。中でもお気に入りは名作全集の中にあった、英国生まれのエジプト考古学者、ハワード・カーター（1874〜1939年）による『ツタンカーメン王のひみつ』と、ドイツの実業家で考古学者、ハインリヒ・シュリーマン（1822〜90年）の『地底の都をもとめて』であった。どちらも苦労しながらも初志を貫徹し、大発見を成し遂げるストーリーである。いまでもたまに眺めることがある名著と言えよう。何度読んでも飽きることはなく、次の展開がわかっていてもハラハラドキドキしながらページを繰ってしまう。

ツタンカーメンの発掘物語を読んでは勝手に砂漠のイメージを描き、一度は現地へ行ってみたいと強く思っていたのだが、その願いは思わぬきっかけでのちに実現することとなる。現地を訪ね、ツタンカーメンの墓の前に立った時の感動は忘れることができない。

それ以外にも興味深い本がたくさんあった。小・中学生だった私には難解過ぎるものもあったが、時間をかけて何度も挑んでは、ようやく読破した。新書もすでに読み始めていた。なんとなく大人びた雰囲気を味わいたかった、ませた少年だったのである。

もうひとつ忘れられない本がある。相沢忠洋さん（1926～89年）の『「岩宿」の発見』である。中学校の図書館で見つけ、読み始めたらもう止まらず、人生で初めて本を借りたくらい感動した一冊である。相沢さんは民間の研究者で、日本で初めて縄文時代以前の旧石器を発見した人物である。幼いころから考古学に興味を持ち、大人になってからも行商をしながら遺跡を探し、ついに群馬県の関東ローム層の中から見事な黒曜石製の石器を採集するのである。49（昭和24）年のことだ。

その遺跡はのちの岩宿遺跡で、日本列島における旧石器時代の代表的な遺跡として広く知られるようになり、いまや研究拠点ともなっている。苦労しながらも、粘り強く諦めない相沢さんの生き方そのものにも感動したし、学閥主義や素人研究者の悲哀といったことに大いに憤ったりもした。相沢さんの業績は誰もが認めるものであった。しかし岩宿遺跡発見以降、研究者不信に陥り、のちに著した『赤土への執念』では、そのあたりの心情が赤裸々に描かれ、心が痛い内容となっている。学問や研究は権威とは無関係であるはずなのだが、現実の社会はそうなってはいなかったことはおおよそ想像がつく。

そのころ父の郁雄は勤務先の県立高校の郷土研究部の顧問を務め、日曜日となると遺跡巡りに出かけ不在であることが多かった。全国的に部活動の一環として、高校が発掘を行うことも多くなってきた。ある日、かねてから希望していた遺跡巡りへの同行を許された。朝早く起きて郊外までバスで行き、あとはひたすら遺跡を探し歩いた。今にして思えば、岩木山山麓や岩木川沿いの遺跡の分布状況を調べていたのだと思う。

畑の所有者もおおらかで、自由に往来しても文句を言われることはほとんどなかった。耕作の際に見つかった土器などが土地の境界に積まれていたりし、好きなだけ持って行っていいとも言われた。とにかく一日中、歩き通し。地形も理解できない子どもの自分にとっては、次々と土器を見つけてくる高校生の姿に驚き、何か特殊な能力でも持っているのかと不思議に思った。家に帰ると疲労のあまり、ぐったりといったところであった。考古学は英語でアーケオロジーと呼ばれるが、「歩けオロジー」だとつくづく実感した。

人生変えた高1の夏

考古学や歴史学に興味を持ちながらも1973（昭和48）年、県立弘前南高校理数科に進学した。そのころはとにかく数学や地学が大好きであったし、将来は機械工学系の技術者になることを漠然と考えていた。世の中も開発ブームであり、技術者が求められていた時代でもあった。

遺跡巡りに出かける機会は減ったものの、ちょうどそのころ県内はむつ小川原開発や高速道路建設などに伴う発掘が急増し、担い手が不足。それこそ高校生も微力ではありながら、戦力として手伝う機会が増えてきた。私も父親に同行し、掘ることや測量などの補助的な仕事を手伝うようになった。とにかく掘ることが楽しく、歴史的解明など崇高な目的はまったく頭の片隅にもなかった。地面の下から何が顔を出すのか、予想もできないからおもしろい。個人的には測量が好きだった。当時は平板測量が主だったので、美しい図を描けるようになりたいと熱心に取り組んだ。休日には自宅の周りで、父親の指導の下、測量の練習を繰り返しした。変わり者親子と思われたこともあったのかもしれない。

高1の夏、その後の人生に大きく影響を与える重大な出来事があった。弘前市郊外にある遺跡の発掘を、義弟の村越指導の下、父親が担当することとなったのだ。発掘現場の主力は市内の高校生で、自分と同じ年頃であった。私に多少なりとも発掘の経験があったことから、早速参加するようにと父親から言われた。何よりも自転車で通えるというのが魅力的であった。さっそうと自転車で向かう日々が始まった。とはいえ、行きは上り坂で楽ではなく、逆に帰りは下り坂なので、あっという間に家にたどり着くという感じであった。

夜は昼間の疲労で早々に床に就くので、勉強する暇などあるわけがない。夏休み明けの実力テストの英作文で、休み中の出来事を書く設問があったので、発掘に参加したことを書いた。そこそこの点数だったが、発掘やその他作業の内容の英文表記について丁寧に指導された記憶がある。

遺跡表面の土を取り除き、縄文時代の地層まで掘り下げると、大量の遺物が出土する。それらの位置を平板測量で記録し、写真撮影したのちにラベルをつけて取り上げる。ざっとこのような手順で発掘は進められた。炎天下の作業で土日も関係なく進められたように思う。いくら若いと言ってもさすがの疲労。明日は休もうと思ったことがあったものの、父親が自転車で発掘に向かうと、自分も行かないわけにはいかない。結局1日も休むことなく過酷な発掘を乗り切ることができた。真っ黒に日焼けし、体力的にも自信をえたこともあって遺跡巡りを再開することとなった。

自転車も変速機付きのスポーツ車となり、遠方まで行動範囲が一気に広がった。サイクリングそのものにも興味関心を持ち、高3の夏には道南と奥尻

弘前市近郊にある沢部Ⅱ号遺跡で測量図と取り組む高校1年生の筆者（手前左）＝1973年

島を巡る自転車旅行に出かけた。受験生にとって大事な夏休みに机に向かわず過ごしてしまったことを、いまでも少々反省している。

弘前郊外で遺跡を見つけても、土器を持ち帰ることは慎むようになり、遺跡の位置も地図に書き込むようになっていった。のちに遺跡地図なるものが県教育委員会から刊行されていることを知り、それを見ては遺跡を訪ねるようになっていった。そのころは縄文時代より古墳時代に興味を持ち、関係する本を片っ端から読むとともに、一度は巨大な前方後円墳なるものを見てみたいと強く思うようになっていった。発掘現場を見てみたいとも念願した。たまに頼まれると発掘の手伝いもしたが、発掘という地面を掘る行為そのものが大好きなのであって、歴史を本格的に学びたいという気持ちを持つことはなかったように思う。

歴史・民族 広がる興味、進路に悩む

1977（昭和52）年、地元の弘前大学教育学部に入学した。特に何かを勉強したいとか、目指す職業とか、具体的な目的や展望があったわけではないが、進学後にもう少し自分の将来を考えてみたいという願望はあった。それに少しだけ教壇に立ってみたいと思ったことはある。教員である父の後ろ姿を見て育ったことや、小・中学校と素晴らしい先生方と出会ってきたこともあるのかもしれない。

発掘に参加する機会も増え、歴史を研究するうえで発掘は重要な方法であることを理解し始め、少し歴史学にも興味が湧いてきていた。考古学に限らず歴史学をきちんと勉強してみたいという気持ちも多少あった。当然ながら、叔父であり考古学者の村越潔という身近な存在の影響が大きかったように思う。

さて入学式当日、村越の研究室を訪ねた。明日からでも早速、研究室で勉強したいとの希望を話したところ、意外な返事が返ってきた。勉強することは大いに結構だが、それ以外にも学生時代にはいろいろと学ぶべきものがたくさんあるではないかとの内容。要はこの道だけなどと絞らず、幅広く勉強するとともにキャンパスライフを楽しんだらどうか—ということであった。ただし教育学部なので、せめて教員採用試験に受かるくらいの勉強はしろ、とも言われた。後半は叔父として、私の将来を案じてのアドバイスであったように思う。この後何度も言われることになるのだが、本当の勉強というものは「自分の時間とお金でやるもの」であって、学ぶ意志さえあれば就職しても勉強や研究はできるのだ、と。おそらくは本人の人生哲学であろう言葉を聞かされたのだ。家庭の事情で考古学を学ぶことがままならなかった自身の経験だろう。

当時1年生は教養部に属し、基本的なことを幅広く学ぶことになるが、正直講義を聴いてもあまり興味関心が持てず、徐々に大学へ通う意欲が薄れてきてしまった。たまに出席しても講義中、ずっと本を読んでいることが多かったと思う。

今思えば、どうしようもない学生だったが読書量だけは着実に増えた。いわゆる名著と言われる作品にも果敢に挑戦したものの、いまだに読み終えていないものも少なくない。残りの人生でどれだけ読めるかと、今でも不安になってしまうことがある。特に夢中になって読んだのは梅棹《うめさお》忠夫さん（1920～2010年、民族学者・生態学者で大阪万博の発案者の1人、当時・国立民族学博物館館長）が各界の専門家と対談したものをまとめた新書で、この影響もあって民族学にも興味を持ちはじめた。

古人骨調査に参加

夏休みも近い1978（昭和53）年のある日、叔父の村越から倉石村（合併され現在は五戸町）の薬師前遺跡への同行を誘われた。村越研究室に通い、考古学を勉強していた小山内寿一さん（当時・森田村在住）も一緒だった。小山内さんは普段は消防署に勤務しており、時間のある時に研究室へやってきては勉強に励んでいた努力家であった。当時の村越研究室は小山内さんや他学部の学生のほか、村越が非常勤講師を務めていた他大学の学生なども集まってきていた。上級生の姿はなかったが、活気のある研究室であったように思えた。

さて、その年の春に偶然、耕作中に見つかった縄文時代後期（約4千年前）の改葬甕棺《かめかん》の精査が8月初めに行われるので、見学したうえで手伝うことがあればそうするように―とのことであった。甕棺は3個まとまって出土。内部に人骨が良好な状態で確認されたこともあって、室内で土器内部を調査することになったのである。甕棺は偶然発見されることが多く、細かい情報がよくわからな

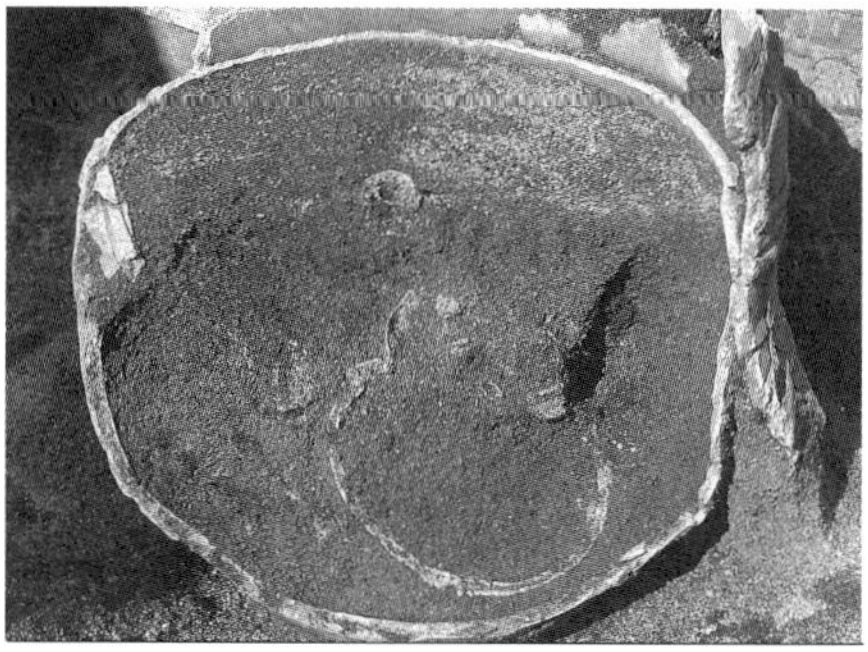

筆者が実測することになった甕棺土器

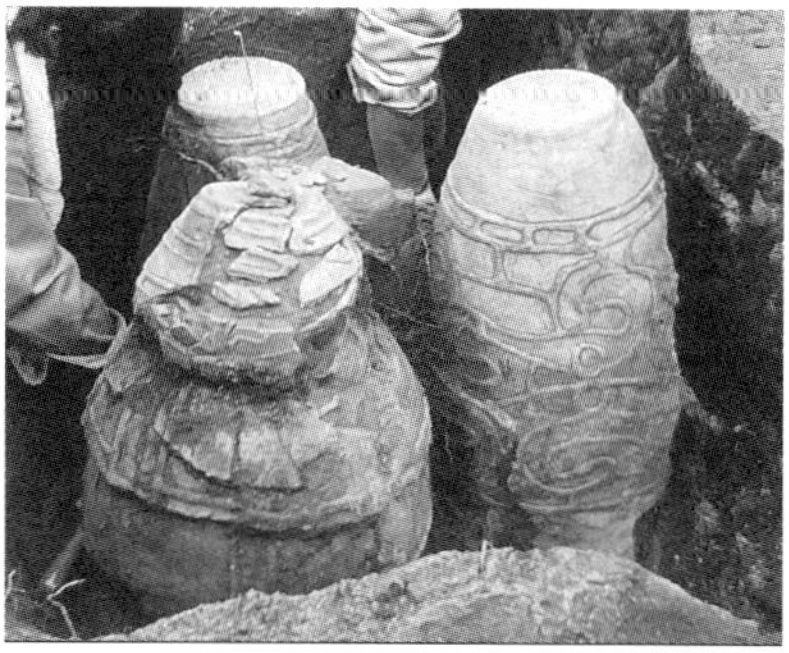

耕作中に偶然見つかった甕棺（※12）

かっただけに、調査では新たな知見が期待されていた。特に、古《こ》人骨《じんこつ》の権威である小片保《おがたたもつ》教授（1916〜80年、当時・新潟大学医学部第一解剖学教室）が同行していたのでなおさらであった。

会場は倉石村の公民館。石膏《せっこう》で周りを固定された土器が並んでおり、1個の土器は耕作によって半分に断ち切られ、おそらく頭骨と思われる白色の人骨が学生の私にも確認できた。作業は県教育委員会文化課（当時）の市川金丸さん（2007年に73歳で死去。三内丸山遺跡発掘調査委員会委員、県考古学会会長などを歴任）が担当され、てきぱきと作業の指示を出しておられた。慎重に土砂を取り除き、その都度、写真撮影と平面図を作成しながら人骨を取り上げる作業が続いた。

じっと作業の様子を見ていたところ、村越から突然、土器の図面を描くようにとの指示があった。見ているだけではつまらないと思ったのかもしれないが、こちらはいきなり緊張の場面を迎えることになった。野球に例えるならば、これまでの発掘作業はせいぜい2軍戦レベル。それがいきなり1軍デビューということになったわけだ。小山内さんと2人で、市川さんの話をよく聞きながら作業に集中した。扇風機があったが室内は蒸し暑かった。息をひそめて作業を見守る見学者も多く、緊張感に包まれていた。熱気に満ちていたのだ。半分に断ち切られた甕棺の側面図を描き上げ、市川さんに確認してもらい、オーケーが出た時には内心ほっとした。取り上げた人骨を小片先生が確認した後、脱脂綿にくるみ、さらに新聞紙で梱包《こんぽう》する作業にかかりきりとなった。先生の指示通り、ラベルと新聞紙双方に同じ表記をしないといけないため、やはり緊張の連続であった。そんな雰囲気を察してか時折、小片先生は冗談を言い、村越との会話は漫才のようであった。中でも、小片先生が研究室で仕事をしていると、武者姿の影が目の前を横切ったという話はインパクトが強かった。古人骨の専門家なので当然、研究室にはたくさんの人骨があり、その霊かもしれないと真顔で話された。

毎日、真っ暗な道を倉石村から国鉄八戸線本八戸駅前の旅館まで帰ったが、車中でなぜかフォークシンガー、松山千春さんの曲がかかっていたことが強く記憶に残っている。結局その後、そのレコードを買ってしまうことになるのだが。

わずか4日間の経験だったが、県教委職員たちのてきぱきとした作業ぶりはもちろんのこと、描かれた図面の精度や描くスピードなどに驚かされた。このレベルに到達しないと、少なくとも発掘では掘る以外の戦力にはならないことを思い知らされた。この時の発掘調査報告書は諸般の事情によりしばらく刊行されなかったが、調査を担当した市川さんの尽力で20年後の98（平成10）年に公刊されることとなった。たまたま私の職場の一角で、市川さんが刊行に向けた作成作業をしておられた。一部始終を間近で見たが、まさに執念というか、研究者の責任感の強さを感じた。微力ながら、お手伝いできたことは良い思い出となっている。

なお、薬師前遺跡から弘前へ帰宅後、私は40度近くの高熱が出て寝込んでしまった。しかし今でも、これはたたりなどではなく、単に疲れがたまっていたためだと思っているのだが…。翌日、高熱のまま違う遺跡の発掘に参加するべく足が勝手に動いていた。

人形劇に熱中

退屈な学生生活が続き、中退も考え始めたころ、その後の人生を変えることになる出来事と出会う。

久しぶりに出席した大学の講義室で、クラスメートからあるサークルの見学に誘われた。とにかく女子学生が多いという触れ込みであった。特に予定もなかったのでさっそく見学してみることにした。

夜6時。三々五々、学生たちが講義室に集まってきた。講義が5時半までなので、学生の課外活動はその後になる。見学して驚いたのは、集まってきた学生たちの顔が実に生き生きとしていたことである。躍動感というかひとりひとりが光り輝いて見えた。子どもたちのためにいろいろな活動に取り組んでいて、その内容によって班にわかれていた。私は結局、クラスメートが属していて、さらに一番強く勧誘された作品班にはいることとなった。弘前大学児童文化研究部の一員となったのだ。1977（昭和52）年のことである。

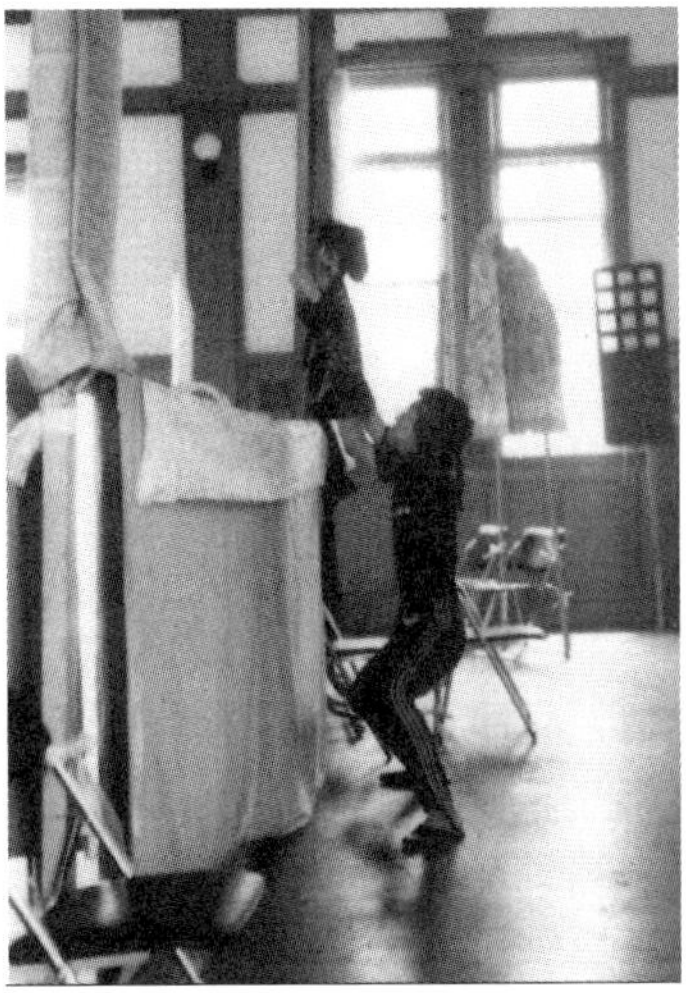

人形劇本番前の練習

もともと児童文化研究部は教員を目指す学生が多かったようだが、当時は教育学部を含めて全ての学部の学生がいた。私は子どもたちのための人形劇や影絵劇、演劇などを作っては上演する活動の一端を担うことになった。人形劇といっても大きな人形を操るもので相当、本格的である。体力的にもなかなか厳しいし、先輩たちの影絵の美しさにも魅了されてしまった。

部員数が少ないこともあって、すぐに人形劇『ゆき』（斎藤隆介原作）では〝じんじい〟なる天上に暮らす神様の役と、演劇『走れメロス』（太宰治原作）では、城の警吏の役が割り振られてしまった。人前で何かを演じるとなると、小学校の学習発表会（当時は学芸会とか文化祭と呼ばれていた）以来である。相手は子どもたちと甘く考えていると大変。子どもたちは正直なので、興味がないとすぐに席を立ってしまう。まずは、大学構内で大声を出す発声練習から始まった。

夏休みにはコースを決め、郡部の学校や地域を訪ねることが伝統であった。当時は学校側もおおらかで、将来の教員の卵であると思ってか、われわれ学生を受け入れていただいた。寝袋持参で体育館に泊まり込み、家庭科室で自炊をしていた。今では考えられないことだが…。子どもたちの前で人形劇や演劇を披露し、歌やゲームを一緒に楽しんだ。真剣に野球やサッカーもしたし、時には宿題や鉄棒の逆上がりなどの相談を受けたりもした。

早朝から、子どもたちがわれわれの寝ている体育館にやってきて、遊ぶこともしばしばあった。学生のような若い世代が珍しかったようだ。先生方や地域の方々から、抱える課題等について直接お聞きする機会もあり、学生の自分にとっては貴重な機会であった。いわゆる「5級へき地校」と呼ばれる、全校生徒4人の学校を訪れたこともある。当時訪問した学校の多くが、廃校や統合になってなくなってしまったのは実にさびしい。サークルの多くの仲間たちはのちに教員となり、各地で活躍していたが、すでに退職となっているようだ。

私は叔父の村越との約束通り、教員採用試験は通ったものの結局、文化財の仕事を選択した。結果的に方向は違ってしまったが、当時の仲間たちの話を聞くたびに励まされ、勇気づけられた。真剣に議論し本音でぶつかり合う仲間たちと、人生のひと時を共有できたのは何よりの宝物であった。どうしようもない学生であった私が、それなりの学生生活を続けることができたのも彼らのおかげである。感謝の気持ちで一杯である。

サークル活動に熱中してはいたものの、へき地校から帰ると翌日から発掘現場へ出かけた。やはり遺跡や発掘が大好きだったのである。

選んだのは文化財保護行政

大学4年生となり、将来の選択に迫られる時期がやってきた。サークルで人形劇に夢中になりながらも、叔父の村越のもとで考古学の基礎的なことを学び、さらに県教育委員会の発掘へ参加もしていた。おおよそ発掘の初めから終わりまで、ひととおり理解できるようにはなっていたと思う。

運転手役として村越に随行することでいろいろな遺跡の発掘現場の見学も増え、関係者の顔も覚えていった。発掘はもちろんのことだが、文化財保護行政への興味関心も徐々に高まっていった。かといって具体的に進路を絞ることもなく、6週間にわたる教育実習も倒れそうになりながら何とか乗り切った。そして目前に迫った教員採用試験に向けて勉強に集中する毎日が続いた。両親との約束で、とにかく試験を受けることになっていたし、村越からもまずは合格することだ―と再三再四言われていた。参考書と問題集を前に、とにかく頭の中にいろいろな知識を詰め込むだけ詰め込むことにした。基本的には暗記することが多いので必死に覚えた。書いては覚え、声に出しては確認し、部屋から一歩も出ることなく取り組んだ。こんなに集中して勉強したことは人生で初めてだったような気がする。しかし受験勉強を続けているうちに、「教育」そのものをおもしろいと感じるようになっていった。なんたって講義にあまり出席していない自分にとっては、参考書に書いていることの多くがとても新鮮に見えたのだ。

苦しかった採用試験を終えると、村越指導のもと久々に行われた研究室の発掘に参加した。中郡岩木町(現弘前市)にあった荒神山《こうじんやま》遺跡で、その名が示す通り、荒神山の中腹にこんもりとしたマウンド(円墳状の盛土《もりど》)が確認された。

マウンドの数がかなりあることから、この山は「九十九森」などとも呼ばれていた。山頂を鉢巻き状に空堀が取り巻き、埋まりきらない古代の竪穴建物と考えられるくぼ地も確認された。調査前には終末期古墳の期待も高まっていたが、地形測量を終え、実際に掘削してみると焼けた人骨と金具などがみつかり、中世の火葬墓であることが判明した。少し落胆もしたが、研究室一丸となっての久々の発掘であり、活気があったように思う。遺跡に村越が常駐するわけではなく、4年生を中心に発掘は進められた。8月で暑い日が続いたが、遠景写真の撮影に出かけていた村越が缶ビールを手に戻ってきた。学生への慰労だと思うが、多少は自分も飲みたい気持ちがあったのかもしれない。休憩時間を前倒しして、ささやかなコンパが始まってしまった。真夏のビールはうまいが、アルコールである以上酔いも回る。下戸の自分は特に酔いが早い。少し長い昼休みを取ることで酔いをさましながら午後の作業は続けられた。厳しくもありながらも、このようなちゃめっ気も持ち合わせた恩師であった。

夏休みのほか時間がある時には南郡浪岡町（現青森市）の史跡浪岡城跡の発掘にも通っていた。浪岡城跡は中世の北畠氏の城跡もしくは城下町というか、とにかく大規模な遺跡で、桜の名所としていまも地域の方々に愛されている。

この浪岡城跡を整備するために、浪岡町教育委員会は専門職員を応募し、村越研究室の卒業生が採用された。工藤清泰《きよひと》さん（元浪岡区長で東北中世考古学会会長、つがる市在住）で発掘の指揮をとりながら、役所の仕事もてきぱきとこなしていた。その縁で発掘に参加させていただいた。個人的にも以前から青森県の中世時代に興味関心を少なからず持っていた。かつて県教育委員会が行った中世城館の総合的な調査で父親が調査員を担当したことがあり、父親を手伝った縁から弘前市内に所在する数多くの城跡を巡ったことも大きかった。

中には、その後の開発事業に伴う発掘によって、当時中世だと思っていた城跡が、実は古代の集落跡であったことが判明するなど驚いたこともある。また、リンゴの受粉作業のアルバイトに通っていたリンゴ園が実は巨大な城跡だったりと、地元に住んでいても見逃していることが本当にたくさんあることを知った。

浪岡町教育委員会の工藤さんからは、発掘や考古学についていろいろなことを教えていただいた。何度も自宅に泊めていただき、ウイスキーの水割りを飲みながら話を聞いた時のことはいまでも忘れられない。恩師とともに、頭が上がらない偉大な先輩のひとりである。

第4章　世界の遺跡を訪ねる

念願のエジプト旅行

中学生のころから不思議に思っていたことがある。世界には4大文明と呼ばれる、突出して発達した社会や文化が認められる地域があるのに、なぜ日本列島にはそのような状況が見られないのか。いつか機会があれば世界の遺跡を見て、その理由を考えてみたいと思っていた。

最初に興味を持ったのはエジプトの遺跡であり、小学校時代に夢中になって読んだツタンカーメン発掘物語の影響が大きかったように思う。主人公ハワード・カーター（英国生まれのエジプト考古学者、１８７４～１９３９年）の粘り強い発掘により、ようやくたどり着いた少年王ツタンカーメンの墓。そして黄金のマスクをはじめとする数々の財宝。実物を見たことはなくても手に取るように想像できた。もうひとつは恩師村越潔（弘前大学名誉教授）の影響である。村越は１９７０（昭和45）年から1年間、文部省から派遣されて海外留学したが、その際にエジプトも訪問していた。撮影したスライドを帰国後に開かれた身内の報告会で見る機会があり、写し出された青い空と巨大な構築物のコントラストに魅了されてしまった。

現地へ行ってみたいとの思いは常にあった。しかし海外旅行が比較的容易になったとはいえ、やはりエジプトは遠く、経済的な負担も若い自分にとっては大きいと感じていた。しかし、思わぬところからエジプト訪問が実現することになる。実は84（同59）年10月に弘前大学時代のサークルの後輩である緑《みどり》と結婚していた。ある日、緑から「新婚旅行はエジプトへ行ってみない？」と持ちかけられた。詳しく聞いてみると、緑が勤めていた岩手県立博物館の有志によって、エジプト訪問ツアーが企画されており、参加者を募っているところだという。カイロ、メンフィス、サッカラ、ルクソール、アスワンなど、見たいところがほぼ網羅されており、自分にとって夢のようなツアーではないか。

ちょうどエジプトでは早稲田大学による発掘が行われており、その現場も見学できるという。企画の中心人物は高橋信雄さん（当時・岩手県立博物館勤務）で、日頃から研究上のアドバイスを受け、尊敬している考古学者である。高橋さんは著名なエジプト考古学者の吉村作治さん（当時・早稲田大学、現・東日本国際大学総長）の先輩にあたり、エジプトでの発掘経験もあることから実に頼りがいがあった。これは運命的な出来事と感じ、何としても参加しなければと思った次第であった。幸いにも年末年始の旅程であるため仕事への影響はなく、大手を振って行くことにした。参加を決断してからは、エジプト関係の本を読みあさる日々が続いていた。

好事魔多し。準備を進めている最中、エジプト訪問まで2カ月余に迫った時のことである。以前から右下腹部に軽い痛みがあり、思い切って県立病院で検査を受けることにした。検査の結果、軽い虫垂炎で緊急に手術するほどではなく、投薬で様子を見るとのことであった。ところが、2カ月後にエジプト旅行へ出かけることになっていると話すと、現地で悪化する懸念があるため手術した方がよいと医者は言う。何の心の準備もないまま診察室から入院、その日のうちに手術となった。本人も妻の緑もまったく予期していない突然の出来事であった。

1週間ほど入院したが、退院後は傷口をかばってしまい、歩くこともままならない状況となって

ギザの３大ピラミッドを背景に筆者＝1984年12月

しまった。傷口もまだ痛い。重たいスーツケースを持てる自信がないまま出発することになり、いきなり青森駅の階段の昇降で厳しい洗礼に見舞われた。

当時は成田国際空港まで行くのが一苦労であった。前日に盛岡まで行き1泊。翌朝、参加者集合の上、東北新幹線で大宮まで、さらに上野で乗り換えて成田へ向かった。重たいスーツケースの扱いもままならず、痛む傷口をかばいながらの移動であった。これからの期待と同じくらい不安も小さくはなかった。

午後6時30分発の日本航空機に乗り、バンコク、デリー、バーレーンを経由しながら一路カイロを目指した。はじめての機内食に感動しつつ、気圧の関係で少しビールを飲んだだけで酔いがまわることにも驚いた。興奮していたためかあまり眠れず、機内サービスの音楽はもちろん落語までほぼ聴き尽くした。

22時間のフライトの末にカイロへ到着。「バスから見た街並みは、まるでタイルのようだ」と当時の日記には書いてある。タイル張りの建物が多かったからだ。そのままカイロ考古博物館へ行き、ツタンカーメンの黄金マスクや数多くの財宝を見て圧倒された。夕方、ギザの3大ピラミッドを見に出かけ、あまりの大きさにまたまた絶句した。3大ピラミッドのうちカフラー王墓の内部を見学していたら、造られたのは日本ではたしか縄文時代だけどなあ、とため息がつい漏れてしまった。

夢にまで見た王家の谷

ルクソールの朝は早く、イスラム寺院からの大音響の呼びかけから始まる。首都カイロから空路で1時間南下した、ナイル川中流域にルクソールがある。かつてテーベと呼ばれ、エジプト新王朝時代の首都が置かれた。カルナック神殿やルクソール神殿などの壮大な建築物が当時の栄華を偲《しの》ばせ、ナイル川東岸にこれらの神殿がある。

一方、西岸は「死者の町」とも呼ばれ、新王朝時代の代々の王墓が築かれた「王家の谷」や「王妃の谷」がある。太陽が昇る方向は生命の源であり、太陽が没することは生命の終わりを告げ、死者の世界となるという当時の世界観によるものとされている。

われわれ旅行者が宿泊するホテルは東岸にあるため、王家の谷に行くには、まず西岸に船で渡る必要がある。軍事上の制限からナイル川に架かる橋は少なく、船の利用が一般的でだれもが、われ先にと争うように乗船する。満員になると出発のようだ。川幅は意外と狭いように感じるが流れは速く、小さな船は蛇行しながら10分ほどで対岸へたどり着く。車に乗り換え、いよいよ王家の谷を目指す。

夢にまで見た王家の谷はがれきの山といった感じであった。王墓を盗掘から守るため、この地が選ばれたとされるが、結局ツタンカーメン以外の王墓は盗掘されてしまっている。盗掘被害については日本の古墳と同じと考えてよい。王墓は点在しているように見える。しかし王家の谷をよく見

夢にまで見た王家の谷を見下ろす
＝1984年12月

エジプト文明の主な
遺跡所在地

ると、谷筋らしきものが幾本も走っており、それらの地形と何らかの関係性がありそうだ。王家の谷からは現在24の王墓が見つかっており、79（昭和54）年に「古代都市テーベとその墓地遺跡」として二つの神殿と王家の谷、王妃の谷の墳墓群が世界文化遺産に登録されている。ちなみにツタンカーメンの墓が発掘されてから２０２２（令和４）年はちょうど１００周年となる。

ツタンカーメンの墓は、すでに発掘が終わっていた人夫小屋跡の下から、地下の墓に続く入り口が偶然見つかったことで世紀の大発見となった。が、実はそれまで2度盗掘に遭っていたものの、被害が軽かったためか再び封印されていたとのことである。その階段を降り斜路を歩いていくと、ツタンカーメン王のミイラが安置されている玄室にたどりつく。歴代のファラオ（王）の墓に比べると極めて小型である。当時、王権は弱体化していたとの指摘があるものの、それでも死後の世界が描かれた壁画などは圧倒的な壮麗さを示しているし、財宝も同様だ。

棺《ひつぎ》を覆っている最も外側の木製の厨子《ずし》（棺を入れる箱）も、自分たちが住んでいたアパートの部屋より格段に大きいのには驚いた。石棺と黄金マスクしかないものと思っていたが厨子があるとは…。棺には現在もこの少年王のミイラが安置されているという。玄室の奥には、多くの副葬品である財宝が隠された小部屋がある。来世の復活と同時に、死後の世界でも生前と同じように生活できるようにと、多くの財宝が副葬されたと聞き、なるほどと納得してしまった。

発掘したハワード・カーター（1874～1939年）は苦学した英国考古学者であるが、彼は常に観察と記録を怠らなかったとされる。発見した多くの財宝は全て写真撮影され、スケッチとして記録された。それらの作業を経ることなくして、墓の外へ持ち出されることはなかったという。単なる財宝探しではなく、歴史を語る上での貴重な資料を後世に残したことは特筆される。時代と地域が変わっても、これらの視点は重要であることにかわりはない。発掘に際して正確な記録を残すことの大切さを改めて痛感した。

王家の谷の南側には「デル・エル・バハリ」（アラビア語で「北の修道院」という意味）と呼ばれるハトシェプスト女王葬祭殿がある。ツアーの自由時間中に、この葬祭殿が造られている丘の上に昇ることにした。細い道を転落しないように用心しながら妻の緑と2人で進んだ。小一時間ほど登り、丘の頂上にたどり着いた。そこからの景色は絶景であった。ナイル川とその両岸は緑多い農耕地で、その外側には乾燥地帯の砂漠が続いている。ナイル川が氾濫する流域が農耕地としてうまく利用されていることがよくわかる。氾濫によって運ばれた栄養分が肥沃《ひよく》な大地の源になるわけだ。エジプト文明はナイル川とともに成立・発展した理由に納得してしまった。

丘の上は旧石器時代の遺跡でもあることが知られており、多くの石器が採集されていたようだ。乾燥したエジプトは土の堆積があまり進まないので、数万年前の石器が地面の上に散らばっているらしい。注意深く見ると、なるほどあちらこちらに石器らしき石片が散らばっている。ついつい石器を探すことに夢中になってしまった。

北国の春、熱唱

1984（昭和59）年12月のエジプトツアーには、岩手県を中心に多くの文化財関係者が参加していたこともあってツアー中、遺跡に到着する度に専門家らしい質問が次々と出され、私にとってとても勉強になっていた。そして遺跡では必ずと言っていいほど、下を向いて何かを探す習性が参加者にあることに気がついた。日本なら遺跡には土器などが落ちているため、エジプトでもついつい地面を見てしまうらしい。たとえ目の前に巨大なピラミッドがそびえ立っていたとしても、まずは地面を見ることから見学が始まるのだ。

さて、現在のエジプト人は世界を代表する数々の文化遺産についてどのように思っているのだろうか。ガイドに聞いてみると、大事な観光資源であり、自らの生活を支える元とは思っているものの、それ以上の特別な愛着といったものを感じている人はほぼいないだろう—との説明であった。多くは世界遺産であること自体も知らないのだという。世界遺産であってもなくても、世界有数の観光地にすでになっているので、観光客数にも影響ないといったところか。

エジプトと言えば王家の谷に見られるように、盗掘が後を絶たないことでも有名だ。ルクソール西岸にクルナ村というところがある。この村は盗掘で有名らしく、それを代々の仕事としているらしい。村人に確認したら、「そうだ」と断言していたので間違いないだろう。確かにこの村の地下は墳墓だらけで、各家々の床下から墳墓に直接トンネルが掘られていて、貴重な出土品等が盗掘されては売却されているという。もちろん行政もこの事態を見過ごしているわけではなく、いろいろ対策を打ち出しているとのこと。遺跡以外のところへ移住させるという、かなり大胆な対策さえ示したらしい。しかし、収入が絶たれることになる住民は当然ながら動こうとはしない。政府がつくった新しいニュークルナ村はインフラが整備されているが、やはり先祖代々の場所からそう簡単には動かない。むろん盗掘も文化だというつもりは毛頭ないが…。

ツアー中、早稲田大学エジプト調査隊長の桜井清彦先生（1922～2010年、考古学者、早稲田大学名誉教授）から、ツアー参加者に対してディナーへの招待状が届いた。エジプトでの早稲田大学の発掘については、いろいろな書物で語られているので、あえてここでは詳細を記さないが、長年エジプトで発掘を継続し、数多くの成果を挙げてきたことが高く評価されているのは周知の通りだ。それを中心となって進めてきたのが吉村作治先生（1943年～、早稲田大学名誉教授で東日本国際大学総長）である。

ツタンカーメンの墓を発掘したハワード・カーターの現地事務所（カーターハウスと呼ばれている）に隣接して、同じようなデザインで早稲田大学の調査隊の事務所兼宿舎（同様にワセダハウスと呼ばれている）が建てられている。このことからも、現地で早稲田大学の発掘が評価されているのがよくわかる。ツアー参加者がそれぞれに用意した各地の名産を持ち寄り、吉村先生もシェフと

早稲田大学エジプト調査隊のディナーに招待されて。桜井隊長（中）と肩を組み上機嫌で歌う＝1984年12月

しての腕前を存分に発揮。われわれツアー参加舎をもてなしてくれる会を企画していただいたわけであるが、そろそろ日本食が恋しくなりつつあったので、出されたそばや海苔《のり》巻きは絶品であった。

桜井先生とも久しぶりにお会いした。先生は東北北部の古代の土器研究で知られ、青森県内各地の発掘も手掛けておられた。いつも笑顔を絶やさず温厚な人柄であった。妻も面識があり、恐れ多くも肩を組んで合唱してしまったのもいい思い出となっている。

アスワン、デンデラ、アビドス、サッカラと巡り、代表的な遺跡はほぼ見尽くしたといってよい。早稲田大学の調査現場も見学し、地下の墓の片隅に山と積み上げられたミイラの独特なにおいにも感動した。中近東文化センター（東京都三鷹市）がカイロの南で発掘していたアル・フスタートの中世遺跡も見ることができた。

蛇足になるが、唯一現存しているクレオパトラのレリーフを見たことをきっかけに、もう1人の絶世の美女とされるネフェルティティ（第18王朝王妃でツタンカーメンの義母。エジプト紙幣に肖像が使われている）も見てみたいと思った。胸像がベルリンの博物館に収蔵されているが、これも後に実物と感動の対面をすることができた。念ずると実現するらしい。

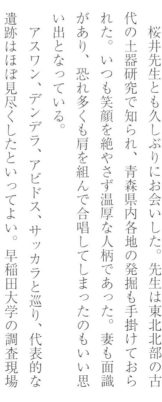

最終日、妻の緑と2人だけでカイロ市内の動物園や市場を歩いた。どこに行っても人がいるし、買い物は値切ることから始まることを実感し、忘れられない体験をした。夕方、再びギザにあるクフ王のピラミッドとスフィンクスを訪れた。私が訪れる10年ほど前、恩師で叔父の村越が見た景色と大きくかわることはない。しかし、ピラミッドのそばから見つかったクフ王の舟（かつては太陽の舟と呼ばれた）のように、新しい展示施設ができたりし、まだまだエジプトには謎がたくさんあるのだと思ってしまった。ほぼ2週間のエジプトツアーを終え、最後は夜行寝台で青森へ戻ったが、大雪のため自分の車さえ判別できないほどの積雪があった。「まるでエジプトのマスタバ墳（小さな墓）だね」と妻と苦笑しながら、車を掘り出す作業に追われることとなった。

太古にタイムスリップ

巨石を使った先史時代の遺産と言えば、なんといっても英国のストーンヘンジが思い浮かぶ。幸いにも2010（平成22）年にロンドンで開催した「北海道・北東北の縄文遺跡群」の説明会の際、少し足を延ばして見学する機会に恵まれた。

ストーンヘンジは英国南部の都市ソールズベリーから北へ13キロの田園地帯にある。ロンドンからは西へ約200キロの距離だ。英国は道路網が整備されているので、ロンドン市内の渋滞を抜けると、あとは高速道路を利用し2時間ほどで着く。意外と近いという印象である。途中の車窓から

ストーンヘンジは環状列石。直径110メートルの円形に高さ６メートルの30個の巨石が立つ

見える景色は、とにかく高い山がなく、平地と緩やかな丘が延々と続いている。

到着すると、駐車場は驚くほど広いわけではなく、むしろ意外とせまい感じがしたが、繁忙期には渋滞となるらしい。チケットを購入し、地下道を通って巨石群に向かってさらに進む。

ストーンヘンジは、学生時代に読んだ英国の小説家トーマス・ハーディ（１８４０〜１９２８年）の『テス』の舞台として登場する。『テス』はその後映画化されたが、ナスターシャ・キンスキー演じる主人公が追っ手から逃れて一晩過ごし、夜が少しずつ明けていく。朝日に照らされ、シルエットから実物の巨石群の姿が徐々に明らかになる…。その美しいシーンのイメージがものすごく強く残っていたため、巨石群周辺の景観も映画と同じものと勝手に思っていた。ところが残念なことに、映画の撮影はストーンヘンジとは違う別の巨石の場所で行われたらしいと知り、少しがっかりした。

世界各地の著名な文化遺産を見ていつも思うことだが、それらの歴史的・文化的価値については当然興味関心がある。加えていろいろ謎がある場合には、当然のごとくそれらの答えを知りたくもなる。

しかし、そうしたこと以外の要素についても常日頃から、文化財や文化遺産の保全に関わっている者としての目線で注意深く見るように心掛けている。そうすると文化遺産の中には偶然、現代に伝えられたわけではなく、多くの人々の手によって残されたものが少なくないことに気付かされる。従って、文化遺産として「残る」ということは、実は偶然の産物などではなく「必然」の結果だと感じることさえある。

さてストーンヘンジに話は戻る。有料の音声ガイドを借り、それを聞きながら進み巨石群の前に立つと、全体が見渡せる素晴らしい景観が広がる。現代的な工作物が一切見当たらないため、まるで突然、太古の昔にタイムスリップしたような気になってくる。野外には全く展示パネルや解説板が設置されていないので、音声ガイドが巨石群の唯一の情報源となる。こなれていないたどたどしい日本語の解説を聞きながら、ストーンヘンジの成り立ちや特徴を頭に入れる。内容は難しいわけではないが、知らない地名が出てくるため、決して聞きやすいというわけではない。訪れたのが11月で見学者は少なく閑散としていたが、夏休みなど長期のバカンス時には大勢が訪れ、年間約85万人の見学者があるとのこと。とにかく、じっくり見学できたのは幸運だった。

ストーンヘンジは30キロほど離れたエーヴベリー地区の巨石群とともに1986（昭和61）年に世界文化遺産に登録され、2008（平成20）年に範囲をさらに拡張した。これまでの発掘や研究により、紀元前2500年から500年間に巨石は立てられ、土塁と堀は紀元前3100年頃まで遡るものと考えられている。日本ではちょうど縄文時代前期から中期にあたり、三内丸山遺跡（青森市）とほぼ同時代といえる。

巨石群はたった一本の細いロープを境界とし、内側への立ち入りを禁止としている。跨《また》ごうと思えば、だれでも簡単に入れるようだが、侵入する見学者はまずいないということである。かつては巨石を間近で見学できるように通路が配置されていたが、現在は保全のため間近まで近寄ることはできない。土塁と堀の上には簡易な橋が架けられ、見学者によって地形が改変されないように対策が取られている。一方、同様に巨石群があるエーヴベリー地区では、街の中に巨石群が立っていることもあって、巨石や堀を区画するものは一切なく、だれもが自由に見学できる。推奨しないが巨石に触れることさえ可能だ。間近で見ると、一段と巨石の大きさが感じられ、感動もまた大きい。

現在、ストーンヘンジは英国の国家遺産として法的に保護され、イングリッシュ・ヘリテージ（日本の文化庁のような機関）によって管理されている。周辺の土地はナショナル・トラストが保有している。ナショナル・トラストは、歴史的建築物の保護を目的とした民間団体である。

文化遺産のひとつの保全方法として、所在する土地の公有地化が有効であることは言うまでもない。そうすることによって、少なくともさまざまな開発圧力から回避できることになる。官民が協力しながら保全を進めるひとつのモデルであることには間違いない。最近、ストーンヘンジの再整備が進められ、ビジターセンターが新設されたと聞く。保全と活用のバランスの取れた新しい姿を再び見ることを楽しみにしている。

パリの世界遺産

フランスのパリには世界遺産に関する重要な機関が置かれている。その総本山というべきものがユネスコ（国際連合教育科学文化機関、ＵＮＥＳＣＯ）本部であり、教育、科学、文化の協力を通じて、国際平和と人類の福祉促進を目的とした国際連合の専門機関である。この中に世界遺産委員会の事務局である世界遺産センターが設置されている。登録推薦書の受理はもちろん、世界遺産に関する業務を実質的に統括している。現在はわからないが、かつては日本からも職員が派遣されており、文化庁在籍時の同僚も勤務していたことがある。日本国政府ではユネスコ関係の業務を専ら行うユネスコ代表部を置き、ユネスコ大使が赴任している。多岐にわたる業務の中でも世界遺産関係は重要な位置づけがされているようだ。

現在も縄文遺跡群世界遺産本部の参与を務めている木曽功さんは、かつてユネスコ大使として最前線で日本の世界遺産登録の実現に取り組んでおられた。ちなみにその時の経験による助言も登録実現には有効であった。

もうひとつイコモス（国際記念物遺跡会議）の事務局がある。イコモスは文化遺産の保護に関わる国際的な非政府組織（ＮＧＯ）であり、１９６５（昭和40）年に設立された。現在、日本を含めて１５０カ国を超える国でそれぞれの国内委員会が組織され、文化遺産の保存に関わる専門家などがさまざまな活動を行っている。最近、財政難でパリ郊外へ事務局が移転したらしい。

パリのユネスコ本部前で縄文遺跡群世界遺産登録推進本部のメンバー。左から３人目が同推進専門家委員会の菊池徹夫委員長、４人目が筆者＝2019年３月

イコモスで重要なのは、ユネスコの諮問機関として世界文化遺産の審査を行っているということである。「北海道・北東北の縄文遺跡群」についても日本国政府からユネスコ世界遺産センターに提出された推薦書がイコモスに送付され、審査が行われた。特に現地調査については専門家が実際に現地を訪れ、推薦書の記載内容の確認が行われたが、幸いにも調査員が考古学者であった。縄文時代や遺跡の特徴など基本的なことを理解しているわけで、そのことが審査にも幸いしたように思う。

　現地調査以降も本来であれば会議が行われ、場合によってはパリに行く必要もあったらしい。しかしコロナ禍ということもあり、リモート対応であったためにわれわれにとって大きな負担とはならなかった。縄文遺跡群世界遺産登録推進本部は２０１９（平成31）年３月、世界遺産登録をにらみユネスコ本部のあるパリを訪れた。普及啓発のための一大イベントである「ＪＯＭＯＮ展」開催のためだった。

　パリへ行く度に思うのは、街の中心域が世界遺産となっていることである。セーヌ川の両岸にある歴史的建造物等が世界遺産に登録（１９９１年）されており、その保全の難しさが指摘されている。世界遺産として登録されているのは、シュリー橋からイエナ橋まで約8キロのエリアで、エッフェル塔やノートルダム大聖堂、オルセー美術館、ルーブル美術館、コンコルド広場、シャンゼリゼ通りといった著名な遺産がぞろぞろとあり、観光の中心地でもある。この地域では、世界遺産となっている歴史的建造物の地下にも古い時代の遺跡が存在している。一方で、現代都市としての開発も常に行われていることもあり、今後もさまざまな開発圧力が想定される。保全のための各種規制があるとしても、構成資産個々の保全とともに、全体の景観が今後どのように保全されるのか興味深い。

世界遺産登録推進本部は2019年３月にユネスコ本部のあるパリで「ＪＯＭＯＮ展」を開きアピールした（※13）

世界遺産エリアには歴史的建造物が、その周辺には近代的なデザインの建物が混在しているわけで、それもパリの魅力である。エッフェル塔が夜間にイルミネーションで輝いていても、遺産の価値が損なわれると思う人はいないだろう。

景観は時代とともに、その受け止め方が変化する場合が少なくない。世界遺産に登録されたときには問題がなくても、生活の利便性を求めて都市が進化するのに伴い、景観もまた変化する。そもそも景観は固定化されたものではない。景観悪化の要因となるものは排除しなければならないが、何を残し、何を取り除くのかは本来、地域住民が判断すべきものだ。

開発圧力と景観を含めた構成資産の保全はバランスが大事だと思っている。徹底して保全を優先する凍結保存も時として必要なのかもしれないが、それだけでは将来的には厳しいような気がする。「北海道・北東北の縄文遺跡群」の景観も「個々の景観」、そして「遺跡群全体の景観」として何を目指すのか。規制だけでは地域住民の理解が得られないのは当然のことだろうし、将来後悔しないためにも現在に生きるわれわれはよく議論し、何よりも哲学を持つ必要があると思っている。

朽ちて消えゆくは必然

縄文時代の生活や社会を考える際に参考になるのが、現代の狩猟採集文化の人々の生活である。しかし、それを直接経験することや観察することは簡単なことではない。そこで、かつて存在していた狩猟採集文化の人々の記録である民族誌を調べることも必要である。でも、やはり現地でなければわからないことも多々ある。

北米大陸の北西海岸。ハイダ族に代表される先住民は、豊富な水産資源を背景に複雑な社会を構築していたことで有名だ。そして巨木を使ったトーテムポールを建てる人たちとしてもよく知られている。三内丸山遺跡から巨木を使った柱が見つかって以来、トーテムポールの実物をぜひとも見てみたいと思っていた。当然、日本の考古学者も注目していた地域であるが、離島に加えて世界文化遺産に登録されたということもあって、現地調査が困難とされていた。そうした場所で小山修三さん（1939～2022年、当時・国立民族学博物館教授）が本格的に調査を開始した。テーマは狩猟採集文化の実態と、世界文化遺産としての保全状況を知ることであったと記憶している。

1995（平成7）年9月、その調査に同行することで、北西海岸先住民の遺跡群を巡る格好の機会に恵まれることになった。調査チームの拠点であるカナダのバンクーバーから国内線で北の太平洋岸へ約90分のフライト。150ほどの島々から成るクイーンシャーロット諸島の中央部サンドスポットに到着する。観光シーズンもほぼ終わり、空席の目立つ機内の後部座席に陣取ったわれわれに視線を送る日本人らしき人の存在が気になっていた。

空港に到着し、荷物を受け取っていると、その人は大きな金属ケースを数多く手にしていた。それとなく近づき、横顔を見て確信した。著名な動物写真家である星野道夫さん（1952～96年）であった。『アラスカ光と風』など星野さんの作品集を見て以来、私にとってのあこがれの写真家であった。

星野さんから「日本の方ですか？」と聞かれ、ここまでやってきた目的を説明すると、星野さんもトーテムポールの撮影のためにやってきたという。考古学や民族学の専門家と会うのは初めてのようで、われわれにも興味関心を持ったようだった。この時の出会いが、のちに星野さんの写真が国立民族学博物館が監修する『季刊民族学』の誌面を飾ることへとつながることになる。この時は再会を期したが翌年、星野さんはロシア・カムチャツカ地方で非業の死を遂げてしまう。

小さな水上飛行機に乗り換え、さらに穏やかな内湾では船に乗り換え、島の南端を目指した。内

湾から外洋に出ると波は高くなる。内陸生まれの私にとって船酔いとの戦いが始まり、きびしい航海となった。

翌日、ようやく目的地であるアンソニー島に位置するニンスティンツに到着した。桟橋はないのでゴムボートで上陸する。ニンスティンツはハイダ族の最も古い村とされ、1981（昭和56）年に世界文化遺産に登録されている。白人が持ち込んだ伝染病により集落が消滅したが、その廃虚が遺跡として世界遺産となっているわけだ。レッドシダーの森を抜け、当時の集落跡にたどり着く。小さな内湾の奥に位置し、沖には大きな岩礁があるため、波は思いのほか穏やかである。

調査に際して、遺産を管理している「ハイダウォッチマン」と呼ばれる係員からしつこいほど注意されたのは、トーテムポールや住居の廃屋に立ち入ることはもちろん、触れてはならないということであった。

まず目を引くのは海岸線沿いに並ぶトーテムポール群であった。垂直に立っているものは少なく、折れたり倒れたりしているものがほとんどあった。根こそぎ倒れているものは、どのようにして埋められたのかがよくわかる。固定するための穴を掘り、柱を建てた後は「根固めの石」と呼ばれる円形の小石が柱の周りに投入されている。

トーテムポール群の内陸側には竪穴住居が海岸線と平行するように配置されている。このような住居の配置はサハリンの部族にも共通する。住居は壁で屋根を支える構造で意外と深く、そして広い。これらの遺構群は何ら保存措置をされることなく放置されていた。やがて朽ちて跡形もなくなるのは必然である。そうして自然に帰ることがここで暮らした人々の世界観なのである。今見ている光景は2度と見ることはないということになる。

小山さんとホットスプリング島にある温泉に入りながら、ある仮説を聞いた。この地域の社会が階層や奴隷の保有など複雑化した要因には、「サケ文化」と呼ばれるほど水産資源に恵まれたこと、そして他の集落との頻繁な交流が影響したことが挙げられるのではないか—と。

ニンスティンツのトーテムポール群。このまま朽ちていくことになる

食料の安定した確保が社会の発展を促すという米国で主流となった説についてもある程度理解を示しながら、「交流」が集落や地域社会の活性化に大きく貢献した可能性を指摘された。ひとつの集落を通じて、他の集落も含めた地域社会の成熟を考えていたわけだ。まさに縄文研究に共通することである。その後もかつての集落跡や貝塚、そして内陸部の遺跡などを見学し、小山さんの解説を聴きながら充実した時を過ごすことができた。

本物の演出こだわる

遺跡関係者であれば誰もが、多くの見学者に現地へ足を運んでほしいと心から願っていると思う。また、そうなるように常日頃から情報発信や楽しいイベント開催などアイデアを考えていることだろう。

しかし、遺跡でなくても遺跡と同じような体験や体感ができ、歴史が学べるところがある。市民に「わかりやすい考古学」を提唱し、生涯実践していた考古学者、佐原真《さはらまこと》さん（1932～2002年、国立歴史民俗博物館名誉教授）から、そのような場所があることを教えていただいた。

しかもそこはとにかくこだわりがすごいということで、一度見学したいと思っていたが偶然、2000年8月に訪問が実現した。米国マサチューセッツ州のボストンから南東方向へ車で1時間ほど行ったところに所在する野外博物館で、「プリマス・プランテーション（Plimoth Plantation）」と呼ばれている。

プリマス・プランテーションは、1620年に英国からプリマスに入植した人々の生活や文化を再現しており、博物館というよりもテーマパークといった方がいいかもしれない。米大陸に最初に築かれた生活の拠点であることから、米国発祥の地として、あるいは心のふるさととして米国内でも広く知られており、米全土から来訪者がやって

きているという。ただし、この場所に上陸したということではなく、歴史的な土地ではないので、少なくとも遺跡とは呼べない。このあたりに上陸した…という伝承は残っているらしいのだが。

立派なガイダンス施設を抜けると当時の居住地が再現されている。中に入ってみて驚くのは、17世紀当時の街並みがほぼ完全に復元されていることだ。さらに当時の服装を身にまとった人々がいる。それもひとりふたりではなく、正確にはわからないものの10人以上はいる。そして当時の生活を自ら演じて見せる。というよりも、毎日そこで生活を営んでいて、その中に見学者が紛れ込むといった方が正しいのかもしれない。

本当に当時の居住地にタイムスリップしたかのような感じさえある。見学者が退場したら、彼ら〝住人〟はそれぞれの家でそのまま眠りにつくのではと思うくらいである。

〝住人〟同士は会話するし、見学者とも気軽に言葉を交わす。もちろん英語ではあるが笑顔で語りかけられる。驚くのは当時の発音で話していることだ。例えばナイフ（ｋｎｉｆｅ）は現在、ｋを発音しないことがほとんどだが、当時はしていたことから「ナイフ」ではなく「クナイフ」と発音する。英国からの移民であるため、アメリカン・イングリッシュではなくクイーンズ・イングリッシュなのである。

家の中では暖炉に火が入れられ、食事が作られていたり、大工の工房では家具が作られていたりする。家の裏庭には動物が飼われ、畑も作られている。リアリティーというか、細部にこだわった演出が徹底されていることは驚き以外のなにものでもなかった。本当に当時の居住地を訪問したような気分になってしまう。

私も歩いていると突然、ベンチに腰かけていた男性の〝住人〟から話しかけられた。彼は「どこからやってきたのか」と問いかけながら、やがて自身が経験した英国からの過酷な航海のことを語り出す。それが実に自然に行われるのである。このパターンは米国で結構あるようで、やはりボストンに復元展示されているメイフラワーⅡ世号でも、船内にいる〝当時の船員〟が厳しい航海の様子を見学者へ語りかけていた。同船は入植者を運んだことで知られる。

プリマス・プランテーションでは関係者と意見交換することができ、館内で行われているサービスについても説明された。住人はプロないしセミプロの俳優であって、毎年オーディションで選ば

野外博物館「プリマス・プランテーション」の全景

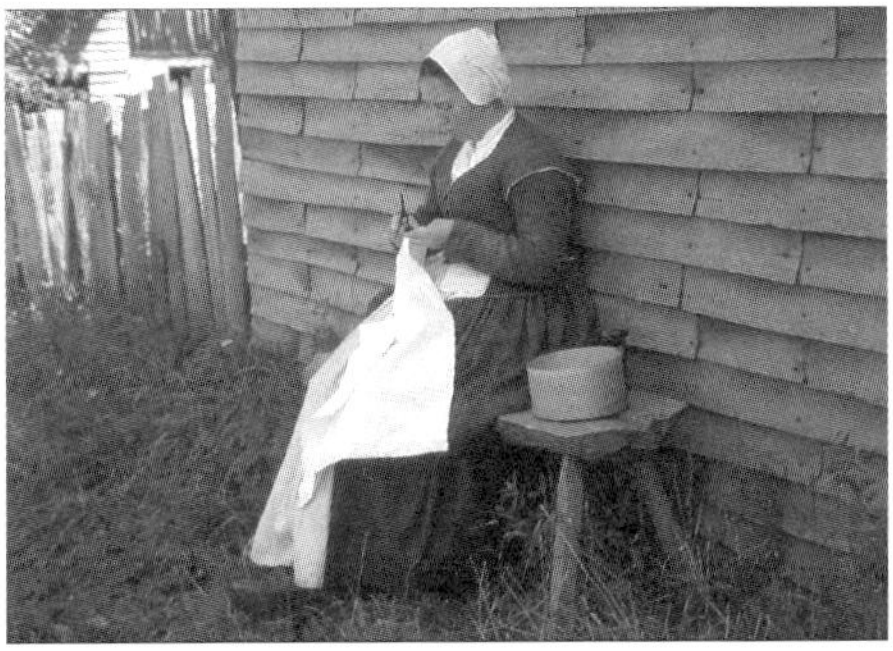

「プリマス・プランテーション」内では当時の生活そのものが復元・展示されている

〝先住民〟役のスタッフが調理をしている光景

れるとのこと。博物館は冬期間、休館となるが、その間厳しいトレーニングを重ねるとともに、当時の歴史や文化を学んでいるとのことであった。徹底した訓練の下、入植当時の日々の生活を演じていることになる。何を聞かれてもそつなく自然に受け答えができるようになっているのが実に素晴らしい。

実際の記録によると、入植者の多くは冬を越すことなく亡くなっている。やっとの思いで生き残った人々に、現地での生活の知恵を授けたのが先住民であったことから、その集落もまた復元展示されている。レストランでは堅いパンと塩味の鶏肉のスープが提供されるが、それを味わうことによって、先人たちの苦労を偲《しの》ばせるというところまでも徹底している。

〝プリマス・プランテーションは〝遺跡〟ではないものの「本物」にこだわりながら、一方で「楽しい場所」を目指しているのだと思う。見学者に対してのサービス提供と、もてなしの精神（ホスピタリティー）を忘れてはならないということだ。でも、エンターテインメントもここまで徹底しないと安っぽい芝居になりかねないわけで、日本の縄文遺跡に住人としての〝縄文人〟が登場するにはもう少し時間が必要だろう。

第5章　中国東北部を掘る

鬲状三足土器出土

日本列島が縄文時代だったころ、アジア大陸がどうであったのか詳しく知りたいと思ったのにはきっかけがある。もちろん、基本的なことについては大学の講義や文献を通じて知ってはいたものの、それこそ中国の仰韶《やんしゃお》文化や龍山《ろんしゃん》文化ぐらいであり、遺跡としては世界史の教科書に登場する半坡《はんぱ》遺跡（陝西《せんせい》省西安市）程度であった。ちょうど稲作農耕の起源地として長江下流域の河姆渡《かぼと》遺跡（浙江省寧波市）が注目され始めた時期でもあったように思う。

１９８１（昭和56）年3月に弘前大学を卒業した私は4月から青森県職員となり、青森県埋蔵文化財調査センターに配属され、県内各地の発掘に従事していた。遺跡内で道路や建物などの工事をする際には、文化財保護法に基づき発掘されるが、急増する発掘に対応するために専門の部署を設置する自治体が全国的に増加。本県では80（昭和55）年に県教育委員会に埋蔵文化財調査センターが設置されていた。

私自身は大学卒業後の進路に悩んでいた。県内外から求人募集があったが結局、地元を選択した。県の教員採用試験にも受かってはいたものの、「教壇に立つ」という思いはしばらく封印することにし、採用前に辞退届を提出することになった。このことを知った母の落胆は大きかったようだ。かつて私や父が発掘に出かける際、炎天下でも食べられるようにと、梅干し入りで塩味の効いた握り飯を作ってくれていたので、多少なりとも発掘や遺跡に理解があると思っていたのだが、実はそうでもなかったのだ。そんな母が、わが子がどのような仕事をしているのか詳しく知るのは、三内丸山遺跡（青森市）の発掘を担当するようになってからのことだと思う。

さて、採用3年目を迎えた83（昭和58）年から、旧平舘村（現・外ケ浜町）で、国道２８０号のバイパス建設に先立って今津遺跡の発掘に従事していた。引き続き発掘を行っていた84（昭和59）年のある日のことである。今津遺跡を当時、県教育委員会文化課に勤務していた福田友之さん（元県考古学会会長で２０２１年7月に73歳で死去）が見学に来られた。福田さんは弘前市出身の考古学研究者であり、特に津軽海峡を挟んだ縄文時代の交流や亀ケ岡文化の研究を専門とされていた。

同郷であるとともに共に村越潔先生に師事したことがあることから、学生時代からいろいろと教えていただき、社会人になってからはご自宅にお邪魔し、奥さまの手料理を楽しみながら指導していただいた。私が書いた原稿には必ず目を通していただいたし、それこそ県内の遺跡踏査に一緒に出かけたりしていた。同じ官舎となってからは、奥さまや私の妻と同伴で旅行や学会に出かけたりもしていた。主に私が車を運転し、後部座席に福田ご夫妻を乗せては、いろいろなところへ足を運んだ。また、よく出土品の図化も頼まれたりもしていた。本当に尊敬していた立派な研究者であったので、福田さんの突然の訃報を聞いた際には体中の力が抜けてしまった。

今津遺跡は津軽半島を代表する縄文時代晩期後半の遺跡であり、村史編纂《へんさん》のため一部の発掘が行われ、土器などが多く出土していた。バイパス建設に伴う調査のため路線内の遺跡は全て発掘される。一方で路線外に遺跡が続いていたとしても、発掘を行ってはならない。行政が行う発掘は学術目的ではなく、あくまでも開発行為等によって破壊されてしまうことを前提にした事前調査である

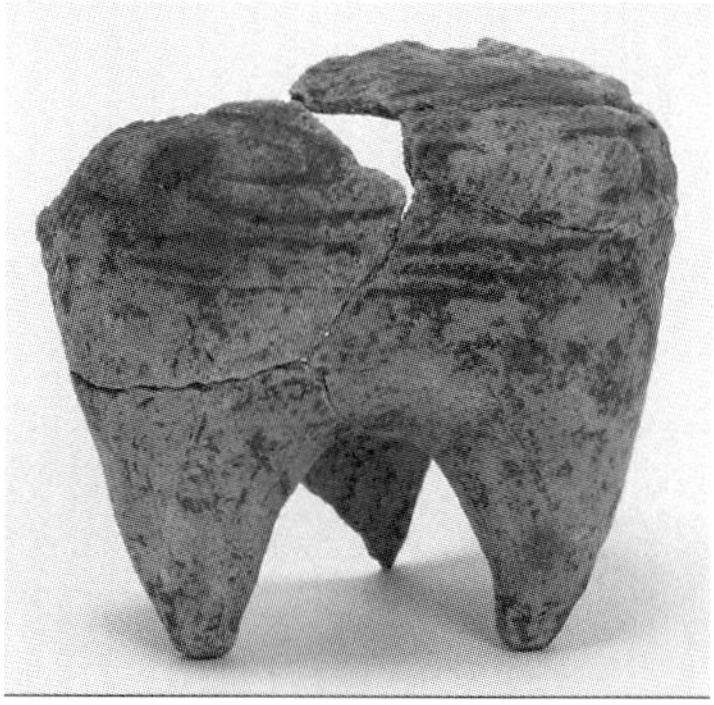

今津遺跡から出土した鬲状三足土器。高さ約18センチ（※14）

ためだ。当然、限られた予算で行われる。

さて、大規模な捨て場（廃棄ブロック）が見つかっていた今津遺跡をひと回りご案内すると、福田さんはどうしても気になる出土品があるという。それは底部が袋状をした「三足土器」（のちに「鬲《れき》状三足土器」と呼ばれる）であった。残念なことに完全な形ではなかったものの、おおよその形状は推定できた。晩期の亀ケ岡式土器の中には底部の四隅が張り出したものや、棒状の足が付いたものがあり、総称して「有足土器」と呼ばれる。このような土器について、日本海の向こうの大陸との関係を調べたらどうかと福田さんは真剣に話された。

それ以降、さまざまな文献や各地の出土品を見る機会が増えた。やがて有足土器の出現について大陸側からの影響がないと言い切るのは難しいと思い始めるようになった。縄文文化を日本列島だけではなく、環日本海の視点で捉え、当時のアジア大陸の様子を考える大きな転機となった瞬間でもあった。

王巍さんとの出会い

旧平舘村の今津遺跡から出土した「鬲状三足土器」の調査研究がきっかけとなって、さらに中国の先史文化に興味を持ち始めていた。現地へ行ってみたいと思いは募るものの、その機会はなかなかなく、仕事としての発掘に日々追われていた。たまに研究者向けの中国現地ツアーがあっても訪問先が限られており、仕事を休んでまで参加したいと思うほど魅力的な内容ではなかった。

ちなみに鬲状三足土器の「鬲」とは古代中国で使われた三つの足を持つ中空構造の沸騰器のこと。下から熱することで水などを沸騰させ、上に置いた穀類を蒸すことに使ったとされる。この鬲に似ているので今津遺跡の三足土器は「鬲状三足土器」と呼ばれた。

中国東北部の主な遺跡

三内丸山遺跡の発掘が始まった1992（平成4）年のある日、発掘現場にいた私に当時、県立郷土館に勤務していた福田友之さんから電話がかかってきた。北京市にある中国社会科学院考古研究所の安志敏《あんちーみん》先生（1924〜2005年、中国史学会理事、文化部国家文物委員など歴任）が、今津遺跡出土の鬲状三足土器を見学し（当時、県立郷土館で展示されていた）、さらに私と面談したいとの希望があるとのことであった。安先生は、長江下

流域の先史文化と日本列島の縄文文化の交流を取り上げた論考を発表されている著名な研究者であり、名前はもちろん知っていたし、すでに文献にも目を通していた。

鬲状三足土器そのものは国内の学会誌に私の論考が掲載されたこともあって、その後も考古学専門誌で中国や朝鮮半島の先史文化と縄文文化の交流をテーマにした特集が組まれるなど、注目される機会が続いていた。安先生との面談は有意義なものとなった。先生は鬲状三足土器を丹念に観察され、ご自身が主張されている先史時代における大陸と日本の交流についてさらに確信を深めたようだった。そのほかにも安先生は多くの資料を観察されており、それをもとに非常に説得力のある話の内容であった。

私からは、縄文時代晩期の亀ケ岡式土器の壺《つぼ》や浅鉢の中にはまれに底部の四隅が張り出すものがあり、必ずしも中国の影響によるものとするには難しいこと、また三内丸山遺跡からも三足（しっかりとした足なので「三脚土器」と呼んだ方がいいかもしれないが）土器が出土していることなどを申し上げた。安先生は袋状の足をわざわざ作ったことは縄文時代の製作者のイメージの中に、中国の鬲などの情報があったからではないかとの指摘もされ、さらに研究を続けるよう励まされた。

さて、この面談の通訳を務めたのが同じ研究所の研究員、王巍《わんうぇい》さん（1954年〜、後に同研究所所長、現在は中国考古学会会長）であった。安先生も日本語は達者であったが、王さんも日本の留学経験が豊富なためか見事な日本語であった。この王さんとの出会いが、その後のいろいろな取り組みのきっかけとなり、結果的に大きな調査成果をもたらすことになるとは想像もつかなかった。

さらに私はお二人に三内丸山遺跡から出土したばかりのヒスイ製の大珠3点を持参し、お見せした。王さんは先史時代におけるヒスイなど玉《ぎょく》製品の重要性を理解されていることもあって、ぜひとも三内丸山遺跡の現場を見たいとのことであったが、時間がなく残念ながら実現しないままに終わってしまった。

県営野球場になるはずだった三内丸山遺跡は関係者の尽力で現状保存されることになり、私も95（平成7）年1月に県教育庁文化課（後の文化財保護課）内に新たに設置された三内丸山遺跡対策室へ異動。三内丸山遺跡の調査研究、整備、活用を担当することとなった。以降、文化庁へ異動するまでこれらの仕事に専念することになる。

遼寧省瀋陽市の新楽遺跡で話し合う王巍さん（左）と筆者＝1996年

その年の2月、遺跡の保全と活用を考えるため、中国の遺跡を訪問する機会が訪れた。目的地の一つである陝西《せんせい》省西安市の半坡《はんぱ》遺跡（約7千～6千年前、新石器時代初期の農耕集落遺跡）は中国を代表する遺跡であり、火力発電所建設計画を変更して保存され、実物遺構を建物で覆い博物館として公開している。建物の一角にはカビや埃《ほこり》などがたまり、公開している住居跡などの維持管理が難しいことをあらためて覚悟することとなった。また、同じ西安市内にある兵馬俑《へいばよう》（約2200年前）はその規模に感激するとともに、「三国志」に登場する項羽によって焼き払われた生々しい痕跡を見るにつけ、歴史の重さを感ずることとなった。

96（平成8）年から、青森県教育委員会では三内丸山遺跡の保存活用の一環として、遺跡の国際的な比較研究を本格的に進めることになった。そこで第一弾として中国東北部の遺跡を対象とすることとし、王さんに現地を案内いただくようお願いしたところ、快諾された。遼寧省と内モンゴル自治区に所在する遺跡の踏査や博物館での資料調査をすることができ、著名な興隆窪《こうりゅうわ》遺跡（約8千〜7千年前、内モンゴル自治区赤峰市）の現地を見ることができたのは大きかった。牛河梁《ぎゅうかりょう》遺跡（約6千〜5千年前、遼寧省凌源市・建平県）の配石遺構群や精巧な玉製品の実物も見学できた。

発掘ついに実現

中国での遺跡踏査を重ねるたびに徐々に大きくなってきた疑問がある。中国の新石器時代は、長江流域は稲作農耕文化、黄河流域は雑穀農耕文化、東北部は狩猟採集文化という区分が従来されていた。これらが基本的に正しいとしても実態はもっと複雑ではないかと思い始めた。

各地の遺跡から出土した生業《せいぎょう》を示す出土品を詳しく見ると、例えば東北部では、意外と狩猟具が少なく、また、新石器時代前半から農耕を示唆する石器もあり、従来考えられているよりも早く農耕文化が波及したのではないかと考えるようになった。また、内モンゴル自治区に所在する興隆窪遺跡が王巍さんらが籍を置く中国社会科学院考古研究所（以下考古研究所）によって発掘され、東北部における新石器時代前半の様相の解明が進んでいたことも大きい。しかし、農耕文化の波及する時期は依然として不明であった。

東北部は日本列島東北部と同緯度であり、交流の有無はもちろん縄文文化の独自性や特徴を考えるうえで重要な環日本海地域に含まれる地域であり、常に注目してきた。いろいろな疑問が膨らみつつも、それらの解決には中国側の調査研究が進むことが必須だが、日本側の知りたい情報が常に提供されるわけではなく、歯がゆい状況も続いていた。やはり課題を解決するためには、日本の発掘と同じ精度で東北部の集落遺跡を発掘し、詳細に比較検討できたら―との思いが心の中でくすぶり続けていた。

中国の文化区分

ちょうどその時、東奥日報社と北日本新聞社（富山市）の共同企画『縄文の源流を探る』で再度、中国東北部から長江下流域、そして南方の少数民族が暮らす照葉樹林文化の遺跡や生活を巡る調査に参加する機会があった。もちろん、王さんが同行し、考古学の岡村道雄さん（当時・文化庁主任調査官）や稲作起源を研究している佐藤洋一郎さん（当時・静岡大学農学部教授）も一緒であった。

夕食後毎日のように自然とだれかの部屋に集まり、反省会を兼ねながら、今でいう部屋飲みでいろいろなことを議論するのが当たり前となっていた。議論が白熱すると酒量も増え、ある時は中国・紹興市でいただいた年代物の紹興酒を飲み干してしまうこともあった。このミーティングには現在東奥日報社会長の塩越隆雄さん（当

興隆溝遺跡の発掘では早速、竪穴
建物の一部が検出された

興隆溝遺跡の全景。黒く見えるのは
竪穴住居跡

時・同社編集局長）も加わり、何度となく中国で発掘ができたらという話が出たことは知っていたと思う。王さんからも日中合同で発掘ができれば互いに大きな成果が得られると、その意義を繰り返し話されていた。

王さんは来日する度に青森を訪れ、三内丸山遺跡の発掘を見学しており、発掘や整理作業のやり方等について、よく理解していた。考古研究所とともに発掘を行うパートナーとして十分な力量があるものと高く評価していたものと思われた。そして日本の発掘のやり方で良い点は積極的に考古研究所でも取り入れたいとの思いも語っていた。また、東奥日報社を訪問して佐々木高雄社長（当時）と面談、日中共同発掘についての王さん自身の思いも伝えていた。

さて、果たして中国での発掘が可能かどうか情報収集を開始したが、そう簡単ではないことが明らかになってきた。日本の文化庁にあたる国家文物管理局では、日本の発掘枠は限られており、この先もそれらの継続が優先されるとのことであった。そのような中、中国側では王さんが考古研究所副所長に栄転し、より重い責任を果たす立場となり、日本側では三内丸山遺跡が特別史跡に昇格し、遺跡の重要性がさらに高まった。また、東奥日報社では考古学に造詣の深い佐々木さんが社長を務め、以前からあった考古研究所との信頼関係もより強いものとなっていった。

王さんと何度も話し合いを重ねた結果、発掘を含む共同研究を実施し、考古研究所が行う発掘に日本側が参加、支援することにした。県・青森市・東奥日報社による「日本・中国先史時代遺跡共同調査実行委員会」を組織し、現地での発掘や研究がしっかりとできる体制を構築した。発掘する遺跡は内モンゴル自治区興隆溝《こうりゅうこう》遺跡（約7500年前）。興隆窪遺跡の近くに所在する良好な状態の遺跡である。海外調査の場合、遺跡の当たり外れがあるが、この遺跡は間違いなく集落の存在が確実であった。

2001（平成13）年7月7日。黄砂の舞う中、発掘が始まった。その光景を見た時、何とも言えない感慨が湧き上がり、年甲斐《がい》もなく鼻の奥がじーんとした。同行していた東奥日報社の斉藤光政記者も同じだったと思う。この日を迎えるために、お互い苦労を重ねてきた同志なのである。こうして3年計画の発掘が始まり、どのような成果を得られるのか、本当に楽しみであった。

見つかった最古の雑穀

中国内モンゴル自治区の興隆溝遺跡の発掘で大きな役割を果たしたのが佐川正敏さん（東北学院大学教授）だ。佐川さんは東北大学で考古学を学び、同大大学院を経て奈良国立文化財研究所（当時）に入所。特別史跡の平城宮跡（奈良市）や、その関連遺跡の発掘はもちろん中国遼寧省との交流事業などにも携わってきた。

その後、地元仙台市の東北学院大学に籍を置き、大学教育に取り組むとともに、国内外各地の遺跡の調査研究を指導してきた。旧石器時代を専門としながらも、古代の瓦や寺院まで幅広く研究している。若いころ北京大学へ留学していたこともあって中国考古学に精通しており、人脈もまた豊富であった。中国語も堪能で、王巍・中国社会科学院考古研究所副所長（当時）が「日本の考古学者で一番うまい」と評価するほどだった。

興隆溝遺跡で検出された竪穴住居跡

２００１（平成13）年に始まった興隆溝遺跡の発掘では、中国側は王副所長を中心に考古研究所が主体となり、現地の発掘責任者には内モンゴル自治区出身の劉国祥《りゅうこくしょう》副研究員が就くこととなった。日本側は中国考古学に詳しい町田章《あきら》・奈良文化財研究所長（当時）を団長に岡村道雄さん（考古学、当時・奈良文化財研究所）、佐川さん、西本豊弘さん（動物考古学、国立歴史民俗博物館）、辻誠一郎さん（植物生態学、東京大学）、鈴木三男さん（植物学、東北大学）、佐藤洋一郎さん（植物遺伝学、静岡大学）といったそうそうたるメンバー。それに加えて、菊池徹夫さん（北方考古学、早稲田大学）にも指導いただいた。これに県教育委員会三内丸山遺跡対策室と青森市文化財課の職員、東北学院大の学生らが加わることになった。

また、測量機器メーカーのソキア（現在はソキア・トプコンに社名変更、本社は神奈川県厚木市）

から最新の測量機器の提供を受けることができ、さらに社員まで現地へ派遣していただいた。この時に西秀記さん（青森市の西衡器製作所社長、現・青森市長）も同行し現地の測量に参加した。発掘の母体となった「日本・中国先史時代遺跡共同調査実行委員会」は佐々木高雄・東奥日報社社長を会長に、塩越隆雄編集局長が事務局長を務めた。これに県と青森市の文化財担当部局が加わり、現場も後方支援もしっかりとした体制を構築することができた。

日本隊は遺跡内外の測量と竪穴住居の調査を主に担うことになった。中国東北部のこの時代の遺跡は、方形の竪穴住居の壁際に墓を造る例が多い。しかも埋葬後も墓の上に床を張って生活を続けているのだ。その住居跡の一つを調査しても良いと中国側が言う。地層が黄土の場合、住居内の墓の輪郭はじめ壁や底が非常にわかりづらい。土をよく観察すると、一度掘り返した土は少し汚れていて黒くなっていることがわかるが、中にはそうでないものもある。だから、考古研究所のスタッフも時には掘り過ぎたりしている。黄土はアルカリ性であることから、骨や種子などの有機質遺物を分解しないので、墓からは必ずと言っていいほど人骨が出土する。

さて、どうしても確認したかったことは雑穀類などの栽培植物の有無である。これらは小さいため、発掘現場で見つけることは困難で、とにかく掘り上げた土を全てふるいにかけるよう中国側にお願いしていた。作業には多くの水を必要とするのだが、残念ながら村には水道はなく井戸しかない。だから水量豊富な井戸を優先して使えるようにしたとのことだ。

中国側の努力もあり、ついにキビと思われる雑穀の炭化種子を発見した。現在のところ世界最古の雑穀である。また、水牛の肩甲骨が出土したもののブタの飼育の痕跡までは確認されなかった。

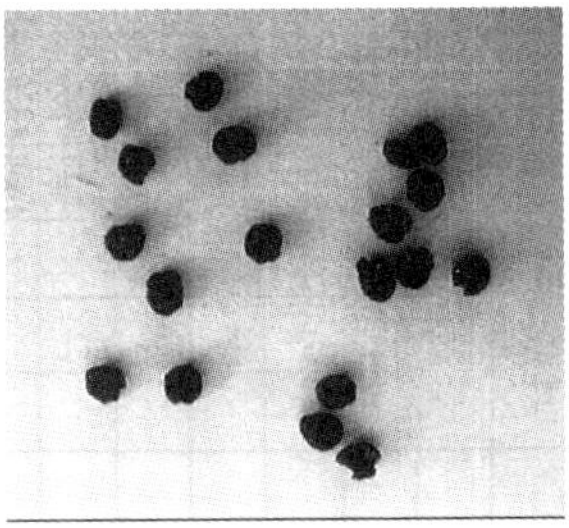

出土したキビ。現在のところ世界最古の雑穀とされる

この水牛の肩甲骨は家畜の起源を考える上で今後注意しなければならない出土品である。

こうした多くの出土物を総合したところ、少なくとも中国東北部は約7500年前に雑穀栽培文化に突入していた可能性が高いと考えられた。この時期に狩猟採集文化が続く日本列島とは様相が違うことになる。このことは「北海道・北東北の縄文遺跡群」の世界遺産登録の際の説明で大いに役立つことになった。縄文時代における日本列島と大陸側の違い、つまりは縄文遺跡群の価値や特徴を主張する大きな〝武器〟となって貢献したのである。

発掘現場の朝は早い

日中共同調査の舞台となった興隆溝遺跡は中国東北部の内モンゴル自治区内に所在する。東北部とはいえ、夏は暑く、たまに日中の最高気温が40度を超えることもあるという。ただ、乾燥しているので暑さにも耐えられるが、気が付くと真っ赤に日焼けしていたりする。なので、発掘作業は涼しい早朝から始め、暑い日中は休止し、日が傾きしのぎやすくなると再開するのが普通である。土日も作業が休みになることはなく、降雨や強風など天候によって作業ができない場合のみ臨時的に休みとなる。このぶっ通しの作業というのは思いのほか疲労が蓄積する。実際に発掘できるまでの苦労を考えると厳しい環境とはいえ、やはり掘ることができるという喜びの方が大きく、毎日現場へ行くのが楽しみでしかなかった。

調査隊の活動は朝日とともに始まる。我々日本隊は中国考古研究所内蒙古調査隊とともに遺跡近くの宝国吐村の農家に分散してホームステイをしている。ホテルなどという気の利いたものはないくらいの田舎である。泊っている農家は意外ときれいで、夜は懐かしい裸電球での生活となる。オンドル式の暖房施設が付属しており、春先や初冬には温かく快適である。敷地の一角にはロバやにわとり、ブタが飼われており、深夜に突然鳴き声で目が覚めることもしばしばあった。

朝食は、食堂となっている農家に集合し、お粥か麺類で簡単に済ます。食べないと体力的にもたないが中国隊の連中の食欲にはとてもかなわなかった。食事が済み次第、遺跡のある丘の頂上を目指し、めいめいが歩いて出発する。20分ほどかかるので現場へ到着すると少し汗ばむくらいなので適度な運動なのかもしれない。

午前中の作業を終え、再び徒歩で村まで下山し、昼食となる。昼食後は2時間ほど昼寝タイムとなる。ただ漫然と遺跡へ向かって歩いているわけではなく、土器や石器などがないか常に地面を気にしながら歩いているし、遺跡がどのような地形であるか観察するにもいい機会である。私はリュックを背負って歩いていたが、カメラ3台、ビデオカメラなど器材が多く、結構な重量となってしまった。

数か月から半年ほど発掘は続けられるが、研究所は時代ごとに専従の調査隊を持っており、北京の研究所から地方へ出張ということになる。中国隊の連中に聞いてもやはりホームシックになるらしく、早く自宅に帰りたいと話していた。

現地の生活を支え、そして最大の楽しみは食事である。各調査隊は腕自慢の料理人を抱えており、いい料理人を確保するのも発掘のマネジメントの大事な仕事だと中国側調査隊長の劉国祥氏は言う。なにしろ毎回本格的な中華料理を楽しめるので贅沢である。何を出されてもおいしい。食材が新鮮というのもあるだろうが、とにかく手を変え品を変え、滞在中飽きることはなかった。ビールやワインも差し入れていたが、たまにしか飲むことはなく、毎日中国側と考古学の話題について勉強会が行われるのが日課となっていた。ただ、日本隊はその後にさらにミーティングを行うので、たまにお酒が出ることもある。しかし、深酒することはない。でないと日中の作業に支障をきたす懸念があるからだ。

一度だけ滞在中に誕生日を迎えることがあり、何がでるか興味津々で期待をしていたが衝撃的な出来事になってしまった。朝食のためその日食堂になっている農家に向かったところ、入り口に額にバツ印を書かれたヒツジが手足を縛られて横倒しになっていた。もちろん生きている。なんとなく不吉な感じがしながらも現場へ向かった。午前の作業を終えて昼食のため食堂に向かうとなんと朝のヒツジのものと思われる皮が干してあるではないか。そして夕食には予想していた通り特別ディナーとしてヒツジ1頭分の塩ゆでが金だらいに山もりとなって出された。生前の姿が記憶に残っているのであまり食は進まなかったが、調査隊としてはましして豪華な食事であったようだ。さらにどこで調達したのかわからないが、バースデーケーキまで出てきたのには驚いた。

日本隊には常にお酒が用意されていたので、毎日のようにミーティングが開かれ、そこでの真剣な議論は大いに勉強になった。星空がきれいで、満天の星空と言う表現はこのことだと勝手に思いながら眠りにつく毎日であった。

ちなみに現場で一番苦労したのはシャワーを浴びることができないことであった。乾燥してはいるものの野外での作業であり、しかも粒子の細かな黄土が体中隅々まで入り込んでいる。この黄土が春先に偏西風に乗って日本列島にやってくることになる。農家の井戸水で洗っても水はあまりにも冷たく、我慢するのも容易ではないし、水が貴重な地域で節水しないわけにもいかなかった。

朝食はしっかりと

宿舎は農家に分宿

自分にすればちょうど昭和30年代の地方の暮らしとあまり変わらない感じがして懐かしかったが、その分不便であることは確実であり、現地での滞在が終わり、北京に戻るころにはいつもぐったりしていたような気がする。

第6章　遺跡を楽しむ

史跡になるのは大変

2022（令和4）年、三内丸山遺跡（青森市）では平成の大発掘から数えるとちょうど30年目という節目の年の発掘が始まった。

これだけ長期間、発掘が継続して行われている遺跡は国内では非常に珍しい。三内丸山遺跡が国の特別史跡に指定（2000年）され、発掘がより慎重に進められていることも一因である。

三内丸山遺跡では5月に22年度の発掘が始まった。写真は「南の谷」の北側＝22年5月19日

さて、文化庁の埋蔵文化財統計資料によると、全国には約9万4千カ所の縄文時代の遺跡があるそうだが、まだ地下に埋もれたままの未知なる遺跡も相当数あるだろう。縄文遺跡が多い都道府県は岩手県を筆頭に北海道、長野県、千葉県、福島県と続く。青森県は3390カ所の縄文遺跡があり、全国で11番目になる。

遺跡が多い理由としては、縄文時代に暮らしやすい環境であったことがあるだろうが、遺跡を見つける研究者の数や活動の活発さ、さらには行政内の文化財部局の基礎体力も大きく関係するかもしれない。遺跡は通常、地下に埋もれていることから「埋蔵文化財」ないしは「埋蔵文化財包蔵地」と呼ばれ、さまざまな媒体を通じて広く周知されている。青森県では県庁のホームページから青森県遺跡地図が閲覧できる。

なお、周知されていない場合には遺跡として認められないこともある。この包蔵地の大半は、時代や内容が正確に把握されているわけではなく、そもそも私有地であることから勝手に立ち入ることはできない。遺跡の有無は実際に現地踏査を行い、土器などが確認されるかどうかによって判断される。当然ながら遺跡について詳しい人が踏査をすることになる。遺跡の認定は青森県教育委員会が行うこととなっているので、速やかに遺跡地図の改訂が行われる。これ以外にも工事中に偶然遺跡が発見される場合もある。

包蔵地は現状保存が原則だが、それによってインフラ整備など市民生活に支障をきたしかねない、または遺跡があると何もできない、と思われているようだが全くの誤解である。やはり優先されるのは現代の生活なので、工事等によってやむを得ず破壊されてしまう場合も生じる。その場合にのみ発掘が行われ、記録として保存されることになる。このような遺跡の取り扱いも県教育委員会が判断することになっているので、遺跡でお悩みのことがあれば、まずは地元の教育委員会に相談することをお勧めする。なお、これらの発掘等にかかる経費は、基本的に工事等を計画した側が負担する「原因者負担」で行われる。これが日本で行われている多くの発掘の実態である。発掘は学術的解明ではなく、行政措置のひとつとして行われていることはあまり知られていない。包蔵地の中で重要なものは文化財保護法に基づき国の史跡に指定される場合がある。さらに特別史跡は史跡の中から特に選ばれるので「遺跡の国宝」と言っていい。史跡は国指定以外に県指定や市町村指定史跡があるが、厳密には国指定史跡以外は「史跡」とは呼ばない。

史跡になるためのハードルは高い。わが国の歴史や文化の成り立ちを知るうえで欠かすことができない文化財や遺跡でなければならない。学術的な価値はもちろん、保存状態と保護すべき範囲を明確にし、さらには土地所有者の同意も必要である。最近では発掘や研究成果をまとめた総括報告書の作成が必須となっている。時代は違うが、直近では三戸城跡が国史跡に指定された。それこそ三戸町および三戸町教育委員会が総力を挙げて取り組んだ成果である。

史跡指定は文化庁によって進められるが、文化審議会で審査されることから、それに耐え得るだけの内容を備えていなければならない。私は指定する側とされる側の両方の立場を経験したが、どちらにしても相当の労力が必要だ。文化庁は史跡の候補となる遺跡を常に把握している。自治体からの相談もあれば、研究者からの情報提供もある。あるいはマスコミ報道等で知ることもある。現状保存し史跡指定の必要性があると判断されれば、担当文化財調査官を決め、必要な対応を取ることになる。史跡指定を行うことは遺跡がある土地の利用に一定の制限を課すことになるので、やはり慎重でなければならない。一方で開発事業と競合することにもなりかねないので迅速な対応も不可欠である。

こうした高いハードルをクリアしたうえで、史跡指定された「北海道・北東北の縄文遺跡群」が世界遺産となったのは当然と言えば当然である。が、それゆえに適切な保存と活用がことさら求められ、われわれ県民がその責務を担っていることを忘れてはならない。

遺跡のカルテ、報告書は大事

発掘された遺跡はその後どうなってしまうのか、そのことを知る人は少ない。そもそも発掘については大々的に告知・宣伝されることがなく、しかも安全性確保の観点から現場が常時公開されることがほとんどないからだ。ただ最近では発掘の終盤に現地説明会が開かれ、成果がいち早く公開される場合も増えてきている。

発掘は「行政目的」と「保存目的」に分類される。われわれが報道で知る発掘のニュースは前者であり、日本で行われているほとんどの調査も前者であると言ってよい。この二つの違いだが、前者は開発事業等によって遺跡が破壊されることに伴うもので、文化財保護法に基づいて事前に発掘を行い記録として保存する。当然ながら発掘が終了すると、速やかに工事等によって破壊されてしまう。直ちに工事が行われない場合には安全性の問題から埋め戻され、関係者以外は立ち入ることができないのが普通である。遺跡は国民共有の財産とされる。このため破壊などの原因をつくった当事者が記録を作成する経費を負担することが妥当と考えられており、このことはすでに社会に定着している。

発掘は専門的な技術や経験、知識が必要になることから専門機関が行うことが多い。青森県では、県教育委員会の出先機関である青森県埋蔵文化財調査センターが設置され、主に国や県などの開発事業に伴う発掘を行っている。ちなみに、私と文化財行政との関わりは1981（昭和56）年4月、

三内丸山遺跡の報告書。これまでに45冊が刊行されている

センターに採用されたことから始まる。センターは開発事業に対応し、急増した発掘を行うため昭和50年代に入って各地に数多く設置された。公立や法人など設置主体はさまざまであり、八戸市の是川縄文館は埋文センター的な役割を担っている。一方、後者の保存目的の発掘は、遺跡の内容や範囲を確認し将来の保存活用に資するため行われる。したがって遺跡そのものが破壊されることはなく、終了後も現状保存される。史跡指定を目指す場合や研究目的の発掘がこれに該当する。三内丸山遺跡で現在行われている発掘もこれに含まれる。

　発掘は遺跡の破壊だ—と指摘する意見もあるが全く違う。行政、保存どちらの発掘にしても、写真撮影や測量など考古学的に検討しながら正確に記録することから、破壊ではなく「解体作業」と言った方が適切である。また、文化財保護法では研究目的の遺跡の発掘についても、中止・停止を命じる権限を行政に持たせている。このため、文化財保護より学術解明が優先されるということはありえない。

　発掘の成果は発掘調査報告書（以下、報告書と呼ぶ）としてまとめられ、刊行される。いわゆる学術書である。本県の場合には発掘の翌年に刊行される場合がほとんどである。報告書は発掘が行われるに至った経緯や地点、発掘に関する事実の記載、考察といった内容で構成されるのが一般的である。だから報告書を見ると、その遺跡の発掘のほぼ全容が理解できる。ただ、専門的用語で記述されているので、考古学の基本的な知識がないと内容を理解することは容易ではない。

報告書は公立図書館や大学図書館等に所蔵され、閲覧可能になっている場合が多い。世界遺産「北海道・北東北の縄文遺跡群」のウェブサイトである「ＪＯＭＯＮ　ＪＡＰＡＮ」のアーカイブでは各遺跡の報告書を閲覧できる。また全国の遺跡に関しては、奈良文化財研究所のウェブサイトでも閲覧可能となっている。

三内丸山遺跡ではこれまで45冊の報告書を刊行してきた。発掘のたびに報告書を作成・刊行し、２０１７（平成29）年から翌年にかけてそれまでの成果をまとめた総括報告書を刊行した。世界遺産登録の推薦書作成にあたっては報告書の内容が基本となるので、各遺跡でしっかりとした報告書が作成・刊行されてきたことで大いに助けられた。狭い国土の日本では現在の生活を優先させるため、遺跡を犠牲にせざるを得ない場合が少なくない。しかし、遺跡はその土地に刻まれた歴史そのものであり、先人の生活の知恵と工夫の証しである。その意味で報告書は遺跡の内容を伝える唯一のものであり、「遺跡のカルテ」と呼ぶことができる。

発掘は一期一会

夏休みが終わったものの、連休や秋の観光シーズンということもあり、三内丸山遺跡には例年以上に多くの観光客が訪れている。「さんまるＪＯＭＯＮの日」のイベントには県内外から大勢の参加者があり、縄文遺跡に親しんでいただけたと思う。他の遺跡においても世界遺産登録1周年の記念イベントが行われ、多くの参加者があったようで、関係者としては感謝の気持ちでいっぱいである。

さて遺跡の楽しみ方はさまざまあるが、極上の楽しみ方がある。それは遺跡の現地説明である。略して「現説（げんせつ）」。遺跡関係者にとっても発掘成果を直接紹介できるだけではなく、地域の方々にとっても、普段見ることができない発掘現場を生で見ることができる、またとない機会である。現説は発掘の成果を広く伝えるために各地で行われていることもあって、「当たり前の取組み」と遺跡関係者にも受け止められているが、必ずしもそうではない時代があったことを忘れてはならない。文化財への理解不足から、理由もなく現説が制限された状況を何度も目の当たりにしてきた。

しかし、遺跡（埋蔵文化財）は国民共有の財産である。公共事業を原因とする遺跡の発掘の場合は、まさしく公費で行われる事業であり、原則として理由なく公開を制限することはあってはならないと思う。発掘は「原則公開」なのである。ただし安全性が確保されたうえでのことであり、発掘現場への勝手な訪問はやはり慎むべきである。現説など公開される機会を待つのが良く、必ず見学の機会はあると思う。一時、コロナ禍で遺跡見学の機会が少なくなっていたが、最近は各地で開かれるようになってきているので、今後の楽しみが増えたようにも感じられる。多くの現説では、発掘担当者が直接発掘成果を説明するスタイルが一般的である。担当者の顔や声、表情を見るのもまた楽しい。丁寧に説明してもらえるのは実にありがたいが、時として声が小さく聞こえない場合もあり、見学者への配慮が必要である。また、見学する側にとっても足場が必ずしも良いとは限らないため、足元に十分に注意したうえで遺跡をじっくりと見学したい。

説明者はほとんどの場合専門家であり、当然のごとく遺跡に詳しい。だが大事なのは、相手が理解できるような内容で話さなければいけないということだ。ところが、これが簡単なようで意外と難しい。つい専門用語が出てしまう場面も少なくない。しまったと思い、その用語の説明を丁寧にしようとすると、さらに説明がくどくなり、内容が伝わりにくくなってしまう。これは経験を重ねることでうまくなっていくものだが、中には最初からベテランのように、というかベテラン以上に話せる担当者がいるので最近の若手は恐ろしい。

縄文時代の竪穴建物跡３基が見つかった三内丸山遺跡第46次発掘調査現場で行われた現地説明会。右端が筆者＝22年９月17日

現説の際には必ず説明資料が配布されるので、しっかりと確保しておきたい。注意したいのは、自分が遺跡の中でどの位置に立っているのか、あるいはどちらを向いているのかであり、確認しておこう。説明の中には方角が頻繁に出てくることもある。従って説明している遺構や出土品について具体的にどれを指しているか、配布された資料図と照合しながら話に耳を傾けたい。必要ならメモを忘れずに。説明を聞きながらの写真撮影は難しいので、説明が一通り終わってから撮影タイムとしたい。そしてお勧めしたいのが質問である。疑問がある場合には勇気を出し

て聞くことが大事である。一期一会というが、遺跡との出会いもそう数多くあるわけではない。だからこそ、出会いを大切にし、充実したものにしたいものである。

見どころを見つける

見学者の中には、各地の遺跡めぐりをしているとだんだん、どの遺跡も同じように見えてくる人もいるらしい。私なりの遺跡の楽しみ方を紹介すると、まずは遺跡へ到着するまでの行程を調べるのが楽しい。公共交通機関を利用しての遺跡めぐりは大変だが、その不便さがまた楽しいとの声もある。車を利用したとしても本県の場合は途中の景色が美しく十分に楽しめる。そして遺跡に到着してまず確認してほしいのは立地環境である。もちろん縄文時代のことであって、現代とはほとんどの場合異なる。海岸近くや内湾を望む段丘上なのか、それとも河川近くなのか、あるいは山岳地帯なのかを考えてほしい。

遺跡を一周すると、眺望が開けるところが必ずあり、そこでかつての立地環境がわかる場合が多い。立地環境は当時の食料確保の問題とも関係するのでやはり重要である。垣ノ島遺跡（函館市）など北海道の遺跡群の多くは海岸近くに所在するため、太平洋や噴火湾を望むことができ、天候さえよければ素晴らしい眺望が期待できる。ウェブサイトなどで空撮映像が公開されていることもあるので、事前に見ておくとさらに理解しやすいと思う。

次に見学マップを手に入れたい。見どころを一回りするのに要する時間を確認しておきたいからだ。私はかつて、和歌山県和歌山市にある県立紀伊風土記の丘（国の特別史跡・岩橋《いわせ》千塚古墳群の保全と公開を目的に１９７１年に開館）を訪ねた時、古墳めぐりに夢中になり、資料館に戻ってきたらなんと閉まっていて、帰りのバスがないという経験をしたことがある。携帯電話もない時代だったので、延々と歩いて見つけた公衆電話から、ようやくタクシーを呼ぶことができた。海外でもあり得るトラブルなので注意が必要である。

マップで確認したら早速見学開始である。外部にある遺跡が先か、それともガイダンス施設や資料館・博物館など屋内を先にするか。悩ましい問題だが、私は先に野外見学に出かけることにしている。その大きな理由は、遺跡を訪れたわくわく感が消えないうちに、しかも体力がある元気なうちに歩いて回りたいからである。ガイドについて回ってもいいし、自分のペースで回っても構わない。ただガイドの場合、遺跡一周に要する時間はほぼ正確なのだが、余裕のあるコース設定がされていないことも多く、途中での寄り道がほぼできないし、写真撮影もままならないことが少なくない。写真は撮れるときに撮っておくのが鉄則だ。あとからもう一度などと思ってもその機会は意外とない。

野外見学の際、私は必ず境界というか、必ず公開エリアの端の部分を見ることにしている。そうすることによって、地形の特徴がわかることもあるし、公開範囲の設定理由とかを知ることができることもある。特に文化財・遺跡関係者らには、公開されていないところこそ、ぜひとものぞいてほしいものだ。立体表示（かつては復元と呼ばれていた）の建物や実物遺構も隅々まで見ておきたい。展示方法についてはいろいろな考え方があるはずで、どれが正解かはまだ結論が出ていないはずだ。野外の見学を終えるとすでに1時間から1時間半ほど経過し、少し疲労を感じているかもしれない。そこで資料館や博物館へ入ることにする。有料の場合も多いが、遺跡の保存活用のためと思って快くチケットを購入してほしい。

建物内には休憩スペースが必ずあるので、小休止をとりたい。自動販売機がある場合には水分補給も確実にしておきたい。そして一息ついたらじっくりと見学する。映像や音声での解説が流れる場合には必ずチェックしておきたい。出土品が展示されている場合に欠かせないのは出土地点や年代の確認である。時として、その遺跡と直接関係しない展示がされている場合があるので注意だ。お隣岩手県の事例であるが、国の重要文化財で有名な「鼻曲がり土面」が一戸町の御所野《ごしょの》縄文博物館に展示されてはいるものの、実際は展示場所とは違う蒔前《まくまえ》遺跡（一戸町）からの出土であった。さもそこから出土したように見せかけるテレビ番組などもあるので要注意である。館内が撮影可能でもストロボ禁止の場合がほとんどなので、注意しながらしっかりと撮っておこう。出土品を見る場合には、その後ろ側や内側もぜひ見ておきたい。重要文化財であっても、土器の場合には修復されて元の状態がわからないものも少なくないが、内面を見ると意外とそれがわかることもある。

最後にミュージアムショップや売店である。まずは遺跡や展示解説図録は購入しておきたいところだ。帰宅後も十分に楽しめるためだ。グッズはたくさんあるので、まずはよく売れているものを聞き、それを確保しつつ自分の好みのものをじっくり選びたい。ご当地ならではのソフトクリームなどを味わうのも楽しい。でもくれぐれも、次の予定やバス等の時間をわすれないように。

誤解生まぬ表記を

2022（令和4）年10月、東京「東急プラザ銀座」で三内丸山遺跡展が始まった。「JOMON DAYS SATELLITE（縄文デイズサテライト）」と銘打ち、文化庁の日本博事業の一環としてのイベントである。縄文遺跡と縁遠いイメージのある銀座で、縄文時代の展示を開催すること自体に話題性があると思う。首都圏での三内丸山遺跡や世界遺産「北海道・北東北の縄文遺跡群」の知名度を上げるための格好の機会である。会場が商業ビルの4階で、博物館としての機能を持っていないため、重要文化財が展示できない等の制約があり、三内丸山遺跡のほんの一部の出土品しか紹介できない。しかしそれでも、完形の土偶やヒスイ製大珠《たいしゅ》など貴重な資料も展示されている。国連の掲げるSDGs（持続可能な開発目標）を意識してほしいと主催者からの依頼があったため、土器や石器以外にも当時の環境を示す植物種子や魚骨などの実物も展示している。普段、縄文遺跡となじみのない首都圏の方々に縄文時代に興味関心を持っていただき、いつの日か青森市の三内丸山遺跡を訪ねていただけれ

「縄文デイズ」の展示の様子

内覧会で〝疑問〟を
呼んだ石匙

ばありがたいと思っている。

　その関係者向け内覧会の時である。たまたま展示を見ていた男性が「へえ、縄文時代にスプーンがあったんだ?」と話しているのが聞こえた。確かに縄文時代に土製のスプーンがあったことは間違いないが、今回は展示していない。気になり、その男性が立っていたところの展示ケースを見て、なるほどと思ってしまった。そこはいろいろな道具類の一環として石器を紹介している場所で、展示品の近くにあるキャプション（説明用の小札）には「石匙《いしさじ》」とはっきりと書いてあった。

　ちなみにこの石器には、つまみがついているという特徴がある。なるほど、それを見て匙、つまりスプーンだと思ったらしい。しかし、この石器＝石匙はものを切る万能ナイフのような機能を持っていたと考えられている。縄文時代全般に見られる道具である。匙ではないのに、なぜ石匙と呼ばれるのか。それは江戸時代の好事家、奇石収集家で『雲根志《うんこんし》』（1733年）などの著作がある木内石亭《きうちせきてい》（1725～1808年）が、このような形の石器を「天狗の飯匕《めしかい》」と呼んだことに始まる。天狗が飯を食べる時に使った石製の匙であると考えられたことから、その名称がついたとされているわけだ。縄文遺跡から出土するさまざまの道具類の中には現代も使用されている、あるいは現代のものに類似した形の遺物については比較的容易に用途が推測できる。しかし、全く見たことがないものの場合にはやはり調べることになる。石匙はスプーンではないことは明らかであるが、長年の業界の習慣としてついつい使ってしまう。研究史は大事だが見学者が理解できるような、少なくとも誤解を生じないような表記が望ましい。おそらく、多くの博物館や資料館でなんの疑問を抱かず、その名称を使っているとしたら、やはり問題だと思う。思い切ってナイフとするか、それとも石匙の名前の由来を丁寧に説明するか—。見学者のことを考えるとさらなる工夫が必要であることを考えさせられた。過去にも同じようなケースが三内丸山遺跡の「さんまるミュージアム」であったことを思い出した次第である。

遺跡名についてもいろいろと意見がある。例えば、つがる市の亀ケ岡遺跡は史跡の正式名称としては「亀ケ岡石器時代遺跡」であり、八戸市の是川遺跡も正式には「是川石器時代遺跡」だ。史跡指定の際の名称と、一般的な遺跡（周知の埋蔵文化包蔵地）の名称とでは異なる場合がまれにある。同じ小字や地番に遺跡が密集する場合には「〇〇〇（1）」などと番号をふっていても、史跡指定の際には一切使用しない慣例がある。史跡なので周囲の遺跡と差別化を図るという意味があるのかもしれないが。問題なのは、ただ古いというだけで「石器時代」としている場合が見受けられる場合があるということだ。こうした考え方が縄文時代イコール「未開・未発達の原始的な時代」と先入観を持つことを助長しかねない—という意見もある。一方、指定された当時の歴史観を示しているので尊重すべきとの声も少なくない。このように石器時代遺跡の名称が付いている史跡や特別史跡でも、さまざまな意見があるようだ。文化庁は書類等では正式な名称を使用するが、愛称としてそれ以外の名称の使用を容認している。「石器時代」という名称を使うも使わないも、地元の判断で選ぶことができるわけだ。ただし、正式に名称変更しようとなると、審議会の案件になるので相当ハードルが高い。

特徴から時代を読む

縄文時代の普遍的な道具といえば土器である。どこの博物館や資料館でも必ず展示され、最も目に触れやすい資料である。土器は作られた時代や地域によって特徴があることから、その特徴さえある程度知っておけば、その遺跡の年代がわかるということになる。そうなれば博物館などに出かけた際に展示資料の新しい見方が加わり、より楽しみが増えるだろう。パネルや展示キャプションを全て読まなければならないという苦痛から解放されるかもしれない。また、土器からは縄文人の祭祀《さいし》や儀礼などの様子も推測できることがあり、岡本太郎（1911～96年）のようにその芸術性を高く評価するアーティストもいる。

ちなみに「縄文時代」の名称の由来が、縄目の模様の土器が使われた（作られた）ことからきているというのは、教科書にも書かれていることなのでよく知られている。1877（明治10）年、大森貝塚（東京都品川区）を発見し、発掘を行った米国の動物学者エドワード・S・モース（1838～1925年）は、英文による発掘調査報告書の中で、縄目の付いた土器を「cord marked pottery」と表現した。「cord marked」とは索痕、つまり紐《ひも》の跡のことで、「pottery」は土器を意味する。従って、この表現が翻訳された当初は「索文土器」と呼ばれたが、のちに東京帝大の植物病理学者で考古学に造詣が深かった白井光太郎（1863～1932年）によって「縄紋式土器」の名称が使われるようになった。現在は「紋」は「文」になり、縄文式土器の「式」も使われないようになっている。

ところで以前、カナダの北西海岸に所在する先住民の遺跡を訪ねる機会があった。巨大な貝塚に圧倒されたりしたが、残念ながら時代がわからない。なぜなら土器がないからである。ちなみに土器がない場合には貝などを分析し、含まれている放射性炭素の量から年代を測る方法が行われているが、なにぶん時間と経費がかかる。

さて、土器に最も多く付けられるのが縄目の模様（縄文）である。しかし、縄文が付けられたからといって、必ずしも縄文時代の土器とは限らないことがあるからややこしい。例えば、青森県内では弥生時代の土器にも普通に縄文が付けられている。これでは単純に縄目の模様の有無だけで土器の時代を判別できないことになってしまうが、日頃から土器に触れ親しんでいる研究者は容易に識別ができる。それは土器の持っているさまざまな情報を瞬時に読み取り、土器の時代を判別できるからだ。いろいろな時代の土器を数多く見てきたからこそなせる業である。

縄目の模様だが、どうも多くの人々は1種類しかないと思っているようだ。土器の表面に見られるつぶつぶの凹凸が全て同じように見えているらしいが、実際はさまざまな模様がある。この縄目の模様は「原体」と呼ばれる短い撚《よ》り紐を回転させることによって付けられるが、右撚り（時計回り）と左撚り（反時計回り）を区別すると100種類は下らない。

三内丸山遺跡は円筒土器文化の遺跡である。その名のとおり、バケツを上下に伸ばしたような円

右撚りと左撚りの縄を一つにして施文されている

三内丸山遺跡出土、縄文時代前期の円筒土器（※15）

筒型の土器が作られた。時代は縄文時代前期中頃（約5900年前）から中期後半（約4300年前）まで継続した土器文化である。この円筒土器は、さまざまな縄文が付けられていることで研究者の間では有名だ。中にはどのような撚りをしているのか、はたまたどのような原体でつけられたのか、簡単にはわからないものも少なくない。

原体を回転させるだけではなく、押し付けたり、棒に巻き付けて回転させたり、あるいは回転方向を意図的に変える—など多様な施文方法が用いられる。それゆえ、縄文土器の模様を勉強するうえで基本的な教材とも言える。学生時代はもちろん就職してもなお、ティッシュペーパーや紙紐でこよりを撚り、それを束ねては原体を作る作業を繰り返し続けていた時期があった。作った原体を粘土の上で転がし、付いた模様と本物の土器の模様を比較することで、原体そのものを明らかにしていくわけだ。

考古学を研究するうえで、土器はどの時代にも存在することから対象になりやすかった。そのため、土器の新旧を比較することでその変遷を示す「土器編年」が、考古学研究推進の中心的な役割を果たしてきた。土器に付けられた縄目の模様という小さな視点にあえて着目するのも、遺跡を楽しむための一つの方法である。

地層を見る

２０２２（令和４）年度の三内丸山遺跡（青森市）の発掘も終盤を迎えている。遺跡東側の調査区では久々に竪穴建物を確認し精査することができたし、南地区では墓の可能性がある土坑も確認できた。やはり発掘は楽しい。想定していた遺構が見つかる場合もあれば、そうでないこともある。

地面を掘り下げることによって、地表面では想像もできなかった縄文時代のさまざまな生活の痕跡を確認することができる。現代から過去へと時間を着実に遡ることができる唯一の方法でもある。通常、発掘ではより深い地層からの出土品が時代的に古いことになる。雪と同じ理屈で、今日降った雪は昨日積もった雪の上に必ず積もるからだ。この原則は発掘でも同じである。もうひとつ大事なことは土の違いを見極めることだと思っている。確かに土器がたくさん出土すれば、格段に多くの情報を得られることになるが、なぜ土器がそこにあるのか—などの疑問を解く手がかりは土器以外のところ、つまりは土＝地層などにもある。

三内丸山遺跡の発掘成果を参考例に、この地層と出土品の関係を改めて考えてみよう。まず、いま両足で立っている地面を現地表面としよう。腐葉土やのちの時代の攪乱《かくらん》によって運ばれてきた土が堆積しているので、それらを除去すると「黒色土」が顔をだす。これが第Ⅰ層である。中世以降、現代までの間に形成された土壌である。これをスコップで慎重に掘り下げると、時として中世のかまど状遺構が検出されることがある。この第Ⅰ層を掘り下げるとさらに黒い土壌が確認できる。これが第Ⅱ層で、縄文時代中期後半から平安時代くらいまでの間に形成されたものと考えられる。三内丸山遺跡は縄文以外に平安時代の集落としても知られるが、竪穴建物などはこの地層で検出できる。遺跡内の低地や窪地《くぼち》では平安時代の火山灰が2層にわたって見られることもある。上が北朝鮮の白頭山から飛来した「白頭山火山灰」(「苫小牧火山灰」とも呼ばれる)。下が十和田起源の火山灰で「十和田a火山灰」と呼ばれる。

第Ⅱ層の下部に近づくにつれて縄文土器が徐々に多く出土するようになるが、大半は縄文時代中期後半から末葉にかけてのものである。この時点で集落は小型化すると考えられており、竪穴建物などが確認できる。この第Ⅱ層は「黒褐色土」と表現されるが、なぜ黒色になるのか、まだよくわかってはいない。これまでの分析では「微粒炭」と呼ばれる細かな炭が相当量含まれていることが明らかとなっており、その時代の野焼きなどが原因とも指摘されている。

第Ⅱ層を掘り下げると、それまでとは全く色調が違う地層が出現する。第Ⅲ層の「暗褐色土」である。三内丸山遺跡の人々の活動と密接に関係する地層である。厚いところでは2メートル近くも堆積している。大半が自然堆積ではなく人為的な結果と考えられ、最も重要な地層とも言える。この地層の中に、三内丸山遺跡が最も繁栄した時代の情報が含まれていると言っても過言ではない。この第Ⅲ層の発掘をどのように進めるのか。それは経験上、非常に難しい。数多くの竪穴建物や貯蔵穴、墓、そして盛土《もりど》も含まれる。当初この第Ⅲ層は盛土遺構の堆積土と考えられたが、ほぼ遺跡全体に分布しており、盛土の広がりとも必ずしも一致していない。

第Ⅲ層を掘り下げると、その下から再び黒褐色土が現れる。縄文時代前期の地層である。ところどころに大量の遺物が集中する捨て場が形成されている。さらにローム層まで第Ⅴ層、第Ⅵ層と続くが、三内丸山遺跡ではほとんど遺物は出土しない。

地層から見ると、第Ⅳ層の時代に人々はこの地に居住を開始し、続く第Ⅲ層の時代に拠点集落と呼ばれる大規模な集落が形成され、土地の改変も相当行われた。その結果、独特の地層が形成されたのである。そして第Ⅱ層の時代に集落は終焉《しゅうえん》を迎える。このように遺跡の土や地層は、その地での人々の活動を如実に反映している。

三内丸山遺跡・北盛土の第Ⅲ層。暗褐色土と呼ばれる地層が堆積している

ちなみに、遺跡の発掘現場には地層を確認するための畔《あぜ》が造られる。これは通路ではなく、遺跡全体の地層の堆積状況を時間の経過と平面的な広がりから確認するためのものであるから、見学者は決して上らないようにしなければならない。これら地層の堆積状況は記録される。のちに刊行される発掘調査報告書に必ずと言っていいほど掲載されることになる、考古学上の重要な情報源なのである。

心に残る遺跡

青森県内には縄文時代の遺跡をはじめ、さまざまな時代の遺跡が約4800カ所ある。これらはほとんどが民有地であり、許可なく入り込むことはできない。中には珍しい種類の遺跡がある。それらを発掘することによって研究の視野が一気に拡大することがあり、新たな歴史観や研究テーマを持つことができるが、私にとってのそれが「製鉄遺跡」だった。

私は1987～88（昭和62～63）年の2年間、西郡鯵ケ沢町浮田に所在する杢沢《もくさわ》遺跡の発掘に従事していた。杢沢遺跡は今から約千年前の平安時代に鉄づくりが行われた遺跡（以下製鉄遺跡という）である。岩木山麓にはこの杢沢遺跡を含めて、平安時代と推定される製鉄遺跡が数多く分布するので、鉄づくりの一大拠点であったことは間違いない。また、同山麓には鉄づくりに関する伝承や民話も多い。遺跡に近い湯舟神社（地名そのものが製鉄に関連している）の御神体は鉄の塊であり、弘前市の鬼神社には大型の鉄製農具をくりつけた絵馬が奉納されていることも興味深い。

さて杢沢遺跡は製鉄遺跡だけあって、遺跡が立地している丘陵全体に製鉄の際に生じた鉄滓《てっさい》が散らばっていた。鉄滓とは鉄を製錬する際に出る不純物のことで、地面にスコップが容易に刺さらないほどであった。鉄滓は遺跡へ向かう農道のわだちにも敷き詰められ、戦時中には鉄不足を補うため、集めた鉄滓を貨車で運んだという逸話が残っている。

古代の製鉄は鉄鉱石や砂鉄を原材料とし、炉の中で還元反応を起こすことで、鉄の材料（鉧塊《けらかい》と呼ぶ場合もある）をつくる。これを何度も繰り返すことによって、より多くの鉄が得られる。当然、作業の際には大量の燃料と炭が必要となる。この炉内でできた鉄の材料はその後粉砕され、鉄分の多い部分を回収。さらに精錬され、鉄に含まれる炭素量を調整して、硬い鋼《はがね》や軟らかい鋳物の原料となる洗鉄《せんてつ》をつくる。熟練した技術と経験がないと製鉄は難しい。初めて見た製鉄遺跡の杢沢遺跡。どのように発掘をすればいいのか。製鉄に関する概説書程度の知識では円滑に進めることは困難であった。遺跡の出土品も、当初は製鉄のどの工程で生じたものなのか検討もつかなかった。やがて大量に出土している鉄滓を観察していると、赤錆《さび》が多く付着しているものと全く錆がないものがあることに気付いた。前者には鉄分が含まれ、磁石にかすかに付くものもまれにある。しかし後者にはほとんど鉄分が含まれていないことから、当然ながら磁石には付かない。鉄分が含まれているから錆びるわけだ。後者は鉄ではなく、砂鉄などの原材料に含まれる不純物が溶けだしたものであることもわかってきた。現代の製鉄のように、高温で赤く溶けだした鉄が炉から排出されることはない。炉の温度を上げ、効率よく不純物を流し出し、炉内に鉄の材料を残すのが当時の鉄づくりである。

炉が冷えた後に手にした鉄の材料は、おそらく黒鉄色や銀色をしていたものと思われ、肉眼での回収は比較的容易であったと思われる。鉄滓は当時の作業者によって徹底して回収されているため、遺跡にはほとんど残されていないのが普通であることもよくわかった。それだけ貴重だったのである。鉄滓はかすであっても、当時の製鉄の様子を知る貴重な手がかりとなる。しかし、発掘現

左側の土管のようなものが製鉄炉の送風管である羽口（※16）

保存のため杢沢遺跡からは状態の良い製鉄炉跡１基が切り取られた＝1988年（※17）

場では鉄滓を持ち帰ることが禁じられていたことから現場での観察が主となった。室内作業ができていれば、より精密な観察が可能になったと思う。

発掘が進むにつれて、さらにどんぶりやおわんような形をした鉄滓も出土。製鉄炉に差し込まれていた送風管（羽口と呼ばれる）もさまざまな形状のものが出土した。やがて比較的残り具合の良い製鉄炉も見つかった。小型であることから、複数が同時に操業した可能性が考えられた。製鉄炉は操業ごとに破壊し、炉の中にできた鉄の材料を取り出すため、元の形状や構造がよくわからないことが多い。製鉄遺跡というなじみのない遺跡の発掘であっても、じっくりと観察するといろいろなことが見えてくる。

当時のハイテク技術の実態を知ることができるとともに、製鉄の歴史的、社会的意味も考える必要に迫られる。鉄は硬く鋭利なため、耐久性のある農具類に加工されることが多いが、一方では武器などにも転用可能である。杢沢遺跡は蝦夷《えみし》社会の中の集落であり、そこで計画的に鉄生産が行われていたということは、その製鉄の担い手や、彼らを支えたであろう地域豪族の存在が注目される。どのような社会構造であったのか。さらに検討が必要であろう。

　また、北海道では製品を加工した鍛冶遺構は確認されているものの、その材料となる製鉄の証拠がない。岩木山麓でつくられた鉄が津軽海峡を渡り、北海道へ、さらに北方世界へと伝わった可能性も十分にある。そもそも、なぜこの地で製鉄が行われたのか。砂鉄はどこにでもあるが、燃料となる大量の木材と炭の調達は…。当然、燃料は広大な岩木山麓で調達したと考えられるし、日本海や港に近いということも、搬出入の面で利点だったのかもしれない。岩木山麓の製鉄遺跡が開発等により激減してしまったのは残念でしかない。遺跡の発掘はやはりおもしろい。

議論白熱

　自分自身にとって、いろいろな時代の遺跡の発掘を経験できたことは大きな財産となっている。なかには遺跡見学に行き、現場で議論が白熱してしまい、とうとう自分たちの手で直接確認するという相当わがままな経験もした。これまでの定説を覆す重要な発見だけに、より慎重に確認したいとの思いからの行動であった。舞台は弘前市北東部に所在する有名な砂沢遺跡。出土した土器は「砂沢式土器」と呼ばれ、一部は国の重要文化財に指定されている。かつては縄文時代の終わりの遺跡と考えられていたが、現在は弥生時代前半に位置付けられている。

遺跡は江戸時代に農業用水確保のために造られた、ため池の中にある。そのため、普段は見ることが難しく水位が低下すると姿を現す。遺跡がため池の中州（もともとは丘陵の先端にあたる）を中心に広がっているからだ。古くから土器がたくさん出るところとして知られ、盗掘が横行し、かなり荒らされていた。私が学生時代からひんぱんに足を運んだ遺跡のひとつである。水位が低下し、車で中州まで行けるようになると、水没した農道を緊張しながら一気に車で駆け抜けたことを思い出すし、実際に盗掘の場面に遭遇したこともあった。たまたま父親を介して、リンゴ畑から出土した砂沢式土器が大量に持ち込まれ、弘前大学村越研究室で勉強をかねて整理作業を行ったこともある。縄文時代の終わりから弥生時代にかけての文化には興味関心をずっと持っていた。本県では1981（昭和56）年に南郡田舎館村の垂柳遺跡から、弥生時代中頃の水田跡が出土。稲作の伝《でん》播《ぱ》が確実になり、「青森県に弥生時代の水田稲作は存在したのか？」という長年の論争に終止符が打たれていた。

さて、弘前市教育委員会では長年の懸案事項であった砂沢遺跡の保存活用のため、内容確認の発掘を85（昭和60）年より行っており、その最終年度のことである。弥生時代の水田跡が見つかったらしい――ということは父親から聞いていたが、新聞報道では平安時代や江戸時代の可能性もあるとされていた。弥生時代とすると垂柳遺跡の水田跡よりも古くなり、列島最北であることはもちろん、稲作伝播の年代がさらに古くなる可能性が考えられた。

発掘終了の前日、当時私が勤めていた県埋蔵文化財調査センターの有志で見学させていただくこととなり、上司の市川金丸、三浦圭介、遠藤正夫の三氏と私で訪ねた。私以外の各氏は垂柳遺跡の発掘経験者である。また遠藤さんとは、仙台市で開かれていた弥生時代の研究会に何度も一緒に参加していたため、水田跡の調査の難しさも理解していた。担当者に案内してもらい、じっくりと見学していたが、説明を聞いていた三浦さんが「層序」（地層と土器などの出土状況との関係）について、何度も質問を繰り返していた。そして、水田跡は弥生時代の可能性がきわめて高いことを指摘した。調査を担当している人たちも弥生時代の水田跡であるとは思っていたようだが、前述の報道のせいか確信を持てないようにも見えた。

秋の日は短く、薄暗くなっても議論は続く。折から降り出した雨のせいで、ため池の水位も少しずつ上昇し、調査区も浸水し始めていた。発掘は今日でほぼ終わりにするという。だれが口火を切ったのか覚えていないが、水田跡の時代を特定するために追加の調査が提案された。かといって、水田跡はきわめて貴重であることから手をつけないこととした。着目したのは水田跡に伴うと考えられた水路跡である。未調査区域には大量の土器などを含む地層（「包含層」という）が広がっていた。水路跡と地層、そして年代を示す砂沢式土器との関係を把握するだけであれば、それほど時間はかからないと判断した。

弘前市教育委員会に相談したところ、期間を一日延長し、翌日の土曜日に調査を実行することで了解をいただいた。三浦さん、遠藤さん、そして私の３人は休暇を取り、朝一番に現場へと向かった。午後には成田滋彦さんも加わり、経験豊富なメンバーによる追加調査が始まった。水路跡を横断するように調査区を設定。水路跡の存在を確認し、地層との関係を観察した。調査の結果、間違いなく弥生時代の水田跡（正確には水路跡）であることが確認できた。黒色土の中にうっすらと水

水田跡から見つかったあぜはこんもりと高かった=1987年（※18）

３枚の水田跡が見つかった砂沢遺跡=1988年

路跡の輪郭が見えた時の感動は忘れられない。図面と写真を撮り、入念に観察し終え、埋め戻そうとした時、再び三浦さんから「念のためもう一カ所掘るように」と指示があった。

すでに日は傾き、地層も見えづらくなっていた。交代しながら、とにかく急いで掘り下げ、再び水路跡を確認し、やはり同様の所見が確認できた。手袋からは水が滴り落ち、体は冷え切り、泥だらけになりながらの調査であった。暗闇で入れてもらったコーヒーは格別にうまかった。この追加調査の所見はリポートにまとめられ、弘前市教育委員会にただちに送付した。それから間もなく「本州最北の水田跡発見」の報道がされ、翌年も調査が続けられることになり、少し安堵《あんど》した。

わかりやすい考古学の教え

仕事柄、人前で話す機会が多く、おそらく千回はくだらないであろう。最初は自分の研究テーマである古代の鉄生産とか弥生土器の話とか、学会や研究会など専門家相手がほとんどであった。ところが、三内丸山遺跡（青森市）の出現以降、さらに学校関係や市民団体、企業からなど、普段接点のあまりないところからの講演依頼が急に増えた。２０２１（令和３）年「北海道・北東北の縄文遺跡群」が世界文化遺産登録されたこともあって、最近は世界遺産に関する依頼も多い。講演時間は20分から2時間くらいまで幅広く、聴衆も50人程度から千人以上までさまざまだ。会場も立派な会館大ホールから体育館、めずらしいところでは寺院の講堂、まれに野外というのもある。どんな講演でも全力で一生懸命努めてきた自負はある。依頼があれば、予定がない限りできるだけ対応するようにしており、自分自身の重要な役割だと思っている。21年度までは公務優先であったため日程の調整がつかず、お断りしたことも少なくない。岡田は講演で全国を飛び回っていると誤解している人もいるようだが、基本的に県庁が仕事場であって、県外へ出かけるのは休日というケースが少なくなかった。

さて、人前で話すことの大切を教えていただいたのは、自ら「わかりやすい考古学」を生涯実践してきた佐原真《さはらまこと》さん（１９３２〜２００２年、国立歴史民俗博物館名誉教授）との出会いから始まる。先生と呼ばれるのをあまり好まなかったので、あえて佐原さんと呼ばせていただく。三内丸山遺跡の大型掘立柱《ほったてばしら》建物を巡って全国的に議論が白熱していたころ、佐原さんは奈良文化財研究所に在籍していた（その後、千葉県佐倉市の国立歴史民俗博物館館長などを歴任された）。佐原さんはそれこそ日本を代表する考古学者であり、弥生土器や銅鐸《どうたく》の研究を専門とし、考古学や文化財に関しても論考や著作が多い。佐原さんは市民に考古学が受け入れられるために、だれもが理解できるような易しい言葉で論文や講演をされてきた方で、私が尊敬する偉大な考古学者のひとりである。

その佐原さんが１９９４（平成６）年の三内丸山遺跡ブームの中、発掘現場を見に来ることになった。実際にお会いすると関西出身（大阪市）であるためか、とにかく休む間もなく話しメモし、せっかちで気ぜわしい感じがした。ご自身のノートには書き込みがたくさんあり、イラストや図もたくさん描かれていた記憶がある。発掘現場を歩いていると突然、佐原さんは私に「これから三内丸山遺跡の話をする機会がたくさんあるだろうから、聴いている人の立場に立って、わかりやすい内容と理解できる言葉でちゃんと話すように」と諭すように話された。突然だったこともあり、どうすればそのようなことができるのか再び問いかけたところ、少し考えてから「とりあえず練習することかな」と笑って答えられた。佐原さんとは、この日をきっかけにその後長くご指導いただくことになった。私のような地方の一研究者にも目をかけていただき身に余る光栄であった。後日、この時のやりとりについてお聞きしたところ、ご本人は全く覚えておらず脱力してしまったが…。しかし、佐原さんによって練習以外に道はなし―と刷り込まれた私は、毎日通勤の車中で繰り返し、独り講演会を実践することになった。

私が文化庁の文化財調査官として上京した２００２（平成14）年、佐原さんは病のため逝去された。それまで会議等でお見かけしても顔色が悪く、心配していたが急なことであった。前年、佐原さんが企画したルーブル美術館でのシンポジウムに同行したことが良い思い出となってしまった。ちなみに佐原さんはドイツ語が堪能で、しかも歌も声楽家なみにうまかった。まったく酒が飲めず、甘いものが好きであった。教えられた佐原方式の効果は絶大で今、自分がそれなりに人前で講演できるのもこのおかげである。三内丸山遺跡などの縄文遺跡群が世界遺産登録を目指すようになってからは、県内の小中学校などを訪問する「縄文〝体感〟世界遺産講座」を開いている。世界遺産のことはもちろん三内丸山遺跡の土器や石器、土偶などの出土品も持参し、子どもたちに触ってもらい、縄文遺跡に興味関心をもってもらうようにしている。県主催のため三村申吾知事（当時）自らが出向く場合もあった。何度やっても毎回新しい発見がある。地道な作業だが、講座に参加した中から将来、遺跡や文化財に関わる仕事に就く子どもが出てもらえれば、と密かに願っている。

遺跡は市民のために

小山修三先生（国立民族学博物館名誉教授、考古学・人類学）が２０２２（令和４）年10月26日に83歳で逝去された。以前から体調がすぐれないことは聞いていたものの、突然の訃報であった。縄文漫画家のさかいひろこさん（茨城県在住）からの悲しい電話であった。さかいさんとは急ぎの用件でない限りメールのやり取りで事足りているが、携帯電話に直接かかってきたので不安な気持ちがかすめたが、そのとおりであった。小山先生はとにかく器の大きい人であった。そしてだれとでも真剣に議論できる数少ない学者だったように思う。肩書も業績も自慢することはなく、素性を知らなければ、関西弁の風変わりなおじちゃんとしか思われなかったかもしれない。ただ、自身がおもしろいと思った出来事に出会うとわれを忘れてのめり込む、とてつもない集中力の持ち主でもあった。

1994（平成6）年8月の猛烈に暑い日、ショートパンツにサンダル履き、それにサングラスをかけて三内丸山遺跡へやってきた。およそ国立民族学博物館（以下民博）の教授といった雰囲気は全く感じられなかった。しかも発掘の女性スタッフに「元気かい、ベイビー」と軽口をたたきながらの登場であった。その前月から降ってわいた三丸フィーバーというか縄文ブームは全く落ち着く気配がなく、マスコミを含めていろいろな方が全国から見学に訪れていた。実は小山先生はその前年、テレビのニュース番組の中で偶然、三内丸山遺跡を目にし、強烈な印象を持ったらしい。ぜひとも見たいと思っていたそうだ。

発掘現場を案内しながらも縄文社会やオーストラリア先住民アボリジニ、民博のことなどに話題が展開していった。まさに止まらないという感じであった。意外と話しやすく、率直な疑問をずいぶんお聞きしたように思う。おそらくは現場を訪れた研究者として最長の見学時間だった。これを機に小山先生との交流は活発になっていった。フォーラムやシンポジウムの場ではもちろん、テレビ番組収録の待ち時間にも遺跡や考古学の話は尽きることはなかった。古い縄文観を変えようと、全国どこへでも2人で出かけたことが今となっては懐かしい思い出だ。まさしく縄文ブームの立役者であった。

小山先生は言うまでもなく民博のスター教授であった。民博の廊下を歩く度に並んだ研究室の名札を見ては、著名な研究者ばかりが並んでいて、知の殿堂というのはこういうところなのだと勝手に思ったりしていたが、その中でも飛び抜けた存在だったように思う。その小山先生が力を注いだのが三内丸山遺跡である。発掘調査委員会の委員を務め、調査研究の指導にも取り組まれ、特に職場の若手研究者の育成には熱心であった。

筆者（手前）と小山さんは２人で各種フォーラム、シンポジウムに出かけた＝2005年12月の是川縄文シンポ

さらに「遺跡は市民のためにある」という強い信念を持っていた。専門家や研究者ばかりで遺跡の活用を進めたのでは、せっかくの素晴らしい遺跡もいずれさびれてしまうのではないか―と危惧されていたように思う。それもあって、遺跡にやってくると、ボランティアガイドや若井敬一郎・青森商工会議所会頭（当時）ら地元経済界、そしてマスコミ関係者などに人脈を広げ、将来のあるべき遺跡像について意見交換を重ねていった。時として行政の立場である私と意見が対立することもあったが、頭を押さえつけるような議論は一度もなかった。

多くの思い出の中で特に印象に残っているのが、北米西海岸先住民の調査に同行した時のことである。トーテムポールを建てることで知られている定住型狩猟採集民の集落遺跡や研究の状況を調べるのが目的であった。対象地域は「スカングウエイ」として世界遺産に登録され保全管理が厳重で、申請しなければ立ち入ることはできない。ジェット旅客機からプロペラの水上飛行機に乗り換え、船で一晩乗り継いでようやくたどりついた現地。「私にとっては、まるでヤマセの下北半島や雨上がりの十和田湖とあまり変わらない」と率直に小山先生に話したところ、「わざわざ連れてきたかいのないやつだ」と笑われてしまった。この時のやりとりはしばらく先生の講演のネタになっていたようだ。

道中もいろいろな話を聞かせていただいた。ワインのせいか、調子にのってつい仕事の愚痴を話してしまったら翌日、小山先生から「岡田はん、人の悪口聞いて気持ちいい人はおらんで」とやんわり言われた。その通りで、これを機に悪口は冗談以外で言わないように心掛けているつもりだ。職場の後輩連中も酒宴ではめをはずし過ぎると、やはり翌日にはやんわりと先生から注意された。非常に礼儀正しい人であった。小山先生には青森市本町にお気に入りのウナギ屋があった。ご主人が熱烈な阪神タイガースファンなので話が合うらしい。そこで杯を重ね、プロ野球の話をするのが先生の楽しみであった。「本当においしいものがある。青森の食に魅せられた」とよく話されていた。日中、周りに人がいるとサービス精神旺盛で冗談を連発するが、夜は読書や研究メモの整理に集中する姿を間近で見てきた。奈良のご自宅に何度も泊めていただき、奥さまの揚子《ようこ》さんの手料理も楽しませていただいた。

しかし「岡田はん、あのね、思いついたことがあるんやけどね」と遺跡にやってくることはもうない。

世界遺産となり延べ見学者数も900万人を超え、見学者が絶えることがない三内丸山遺跡の現在の姿を先生ははたして喜んでいるのか。直接お聞きしたかったが、それもかなわないこととなった。心の中に穴が開くとはこのことだと思っている。いまとなっては感謝以外の言葉が見つからない。

おわりに

遺跡と関わってほぼ半世紀が過ぎた。歴史好きの少年が遺跡を遊び場としながら、考古学を学び、文化財保護行政の道に進み、県内の遺跡の発掘に従事してきた。そして、偶然関わることになった三内丸山遺跡の調査研究や整備活用などそれまで経験したことのない取り組みも経験することとなった。それこそ手探りの毎日であり、思い通り進んだものもあれば四苦八苦しながらなんとか前に進めたものもあって、すべてがうまくいったわけではない。

文化庁から青森県に復帰して以来、縄文遺跡群の世界遺産登録というそれこそ異次元の難易度の課題と取り組むことになったが、結局は登録への近道などはあるわけもなく、地道にやるべきことを着実に進める以外にはないことを実感することとなった。その間も実に多くの方々から貴重なアドバイスと励ましをいただいた。この場を借りて感謝申しあげたい。

考古学の師であった父や叔父で恩師でもある村越潔(弘前大学名誉教授)もすでに鬼籍に入ってしまったが、私自身青森県の考古学研究や文化財保護行政の進展を間近で見てきたわけで、諸先輩が苦労しながら発掘や文化財保護を実践してきた当時とは比較にならないほど現在は取り巻く環境が改善され恵まれているといってよく、隔世の感がある。その過程もまた本書でとり扱うことにした。

結局、我が半生と遺跡の関わりを紹介することとなったが全ての原点は三内丸山遺跡にある。三内丸山遺跡を通じて、縄文時代の社会や文化について考える機会に恵まれ、結果的に世界遺産登録の実現に繋がったものと思う。登録に関する実務の責任者として当初から登録まで関わったものとして、何よりも登録を最優先した作業を進めてきたが、個々の遺跡においてさらに調査研究や保存活用が積極的に進められることを切に願っている。

連載の書籍化にあたり、現場の雰囲気や世界遺産登録に関すること、そして縄文遺跡群の価値について知っていただければと思う。遺跡を通じて本県の豊かな歴史と文化を実感することができたのは大きな喜びであり、その思いもまた共感できればこれ以上の喜びはない。

刊行にあたり東奥日報社編集局の皆さん、連載原稿をすべて確認していただいた編集委員の斉藤光政さん、文化出版部の皆さんのご尽力によるものであり、心より感謝申し上げたい。また、三内丸山遺跡の素敵な絵を提供いただいた張山田鶴子さんにもお礼を申し上げたい。

最後にいつも見守ってくれた妻緑と執筆時にはぴったりと傍らにくっついていた愛犬じぇいに感謝したい。

岡田　康博

愛犬じぇいを傍らに、
自宅で原稿を執筆する筆者

写真・図版の提供一覧

※1	25ページ	高速道路完成後の鷲ノ木（5）遺跡	ＪＯＭＯＮ　ＡＲＣＨＩＶＥＳ提供
※2	27ページ	大森勝山遺跡の大型環状列石	ＪＯＭＯＮ　ＡＲＣＨＩＶＥＳ提供
※3	43ページ	縄文遺跡群の構成資産周辺の景観保全	縄文遺跡群世界遺産本部作成
※4	50ページ	1994年に検出した大型掘立柱建物跡	三内丸山遺跡センター提供
※5	53ページ	三内丸山遺跡の盛り土の位置	三内丸山遺跡センター提供、筆者作成
※6	57ページ	三内丸山遺跡の墓列	三内丸山遺跡センター提供、筆者作成
※7	58ページ	土坑墓	三内丸山遺跡センター提供
※8	58ページ	墓列と道跡	三内丸山遺跡センター提供
※9	59ページ	環状配石墓	三内丸山遺跡センター提供
※10	62ページ	水洗洗浄などで取り出された魚骨	三内丸山遺跡センター提供
※11	62ページ	マダイの骨	三内丸山遺跡センター提供
※12	85ページ	耕作中に偶然見つかった甕棺	村越潔撮影
※13	109ページ	パリの「ＪＯＭＯＮ展」	三内丸山遺跡センター提供
※14	122ページ	鬲状三足土器	県埋蔵文化財調査センター蔵、 田中義道撮影
※15	154ページ	縄文時代前期の円筒土器	三内丸山遺跡センター提供、 田中義道撮影
※16	160ページ	製鉄炉の送風管である羽口出土状況	村越潔撮影
※17	160ページ	杢沢遺跡の製鉄炉跡	鰺ケ沢町教育委員会提供
※18	164ページ	水田跡のあぜ	村越潔撮影

岡田　康博　おかだ・やすひろ

1957年、弘前市生まれ。

弘前大学教育学部卒業後の81年に青森県教育庁入り。

県内の遺跡調査に従事し92年から三内丸山遺跡（青森市）の発掘調査責任者を務める。

2002年に文化庁文化財調査官となり06年に県復帰。三内丸山遺跡対策室長、文化財保護課長、企画政策部理事、世界文化遺産登録推進室長、世界文化遺産登録専門監を歴任。

22年４月から三内丸山遺跡センター所長。

21年７月の「北海道・北東北の縄文遺跡群」の世界文化遺産登録に携わる。

代表を務める三内丸山遺跡発掘調査チームが第４回司馬遼太郎賞を受賞（00年）。

著書に「三内丸山遺跡」「遥かなる縄文の声」「縄文都市を掘る」など

本書は2022年４月から23年３月まで東奥日報で連載した
「縄文と生きる」を加筆修正し、単行本化しました。

縄文と生きる

2023年9月15日発行

著　者　岡田　康博
発行者　塩越　隆雄
発行所　東奥日報社
〒030-0180　青森市第二問屋町3丁目1番89号
電話　017-718-1145（文化出版部）
印刷所　東奥印刷株式会社
〒030-0113　青森市第二問屋町3丁目1番77号

ISBN978-4-88561-273-2 C0095 ¥2000E